本书是陕西省教育科学"十二五"规划项目"区域幼儿教育现状与对策研究"（SGH140341）阶段性成果

美润童心——学前儿童语言教育理论与活动指导研究

闫继让　著

吉林大学出版社

·长春·

图书在版编目（CIP）数据

美润童心 ： 学前儿童语言教育理论与活动指导研究 ／
闫继让著.— 长春 ： 吉林大学出版社，2023.1
ISBN 978-7-5768-0934-3

Ⅰ．①美… Ⅱ．①闫… Ⅲ．①语言教学－学前教育－
教学研究 Ⅳ．① G613.2

中国版本图书馆 CIP 数据核字（2022）第 200282 号

书　　名：美润童心——学前儿童语言教育理论与活动指导研究
MEI RUN TONGXIN——XUEQIAN ERTONG YUYAN JIAOYU LILUN YU
HUODONG ZHIDAO YANJIU

作　　者：闫继让　著
策划编辑：邵宇彤
责任编辑：米司琪
责任校对：殷丽爽
装帧设计：优盛文化
出版发行：吉林大学出版社
社　　址：长春市人民大街4059号
邮政编码：130021
发行电话：0431-89580028/29/21
网　　址：http://www.jlup.com.cn
电子邮箱：jldxcbs@sina.com
印　　刷：三河市华晨印务有限公司
成品尺寸：170mm×240mm　　　16开
印　　张：14
字　　数：190千字
版　　次：2023年1月第1版
印　　次：2023年1月第1次
书　　号：ISBN 978-7-5768-0934-3
定　　价：88.00元

　　幼儿是祖国的未来，是民族的希望。在进行幼儿教育的过程中，教师应注重对幼儿进行思想和价值观的塑造，让他们在正确思想的引导下茁壮成长，发挥教育立德树人的作用。在本书的论述过程中，笔者以语言活动为突破口，让幼儿在表达自我中，促进科学思维的形成，并从无字句处和有字句处的学习中构建价值观。在本书的论述中，笔者主要从如下七部分进行论述。

　　第一部分：在进行此部分内容的论述中，笔者从现阶段幼儿教学理论入手，以学前儿童语言教育观点为支点，分析现阶段最为常见的教学活动，探究语言教学活动新的突破，从而为后续实践性的语言教学提供必要的理论指导。

　　第二部分：笔者在此部分内容的论述过程中注重以谈话活动为着力点，分别从教师的语言素养、家庭环境和口语教学制度入手，探究新型的语言教学模式，以期推动语言教学的良性发展。

　　第三部分：在进行此部分内容的语言教学过程中，笔者着重从绘本阅读的角度进行论述，首先介绍绘本与语言教学之间的融合点，其次介绍阅读对口语教学的影响，最后介绍绘本在口语教学中的策略，从而真正让绘本阅读成为助推幼儿语言表达能力的"加速器"。一方面让幼儿在阅读中丰富情感，提升解读各种信息的能力，并在解读这些信息的过程中，获得思维能力和情感价值观的双重提升；另一方面可以为幼儿语言教学积累宝贵的经验，为后来者提供可借鉴性的教学思路，促进幼儿语言教学的优化升级。

第四部分：在此部分内容的论述中，笔者着重构建信息技术与语言教学的衔接点，借助信息技术的力量创设新型的语言授课场景，尤其是从线上、线下和沉浸式教学入手，让幼儿融入对话的情境中，不自觉地张口说话，以此培养他们敢于说话的勇气，提高他们规范说话的能力。

第五部分：众所周知，幼儿的天性好玩。在本部分的语言教学过程中，教师将游戏融入语言教学中，让幼儿在角色扮演、语言游戏的过程中掌握更多的语言元素，使他们的综合表达能力得到提升，树立语言表达的自信。

第六部分：故事不仅具有育人性，而且具备趣味性，与幼儿的性格等因素十分贴合。在此部分内容中，笔者以故事为突破口，让幼儿在聆听、讲授故事的过程中掌握更多的语言表达方法，从而促进幼儿综合表达能力的提升。

第七部分：此部分内容是对前一段内容总的概括，并论述影响幼儿语言教学最关键的因素，旨在对现阶段幼儿教学者起到一定的借鉴作用。与此同时，笔者结合个人的幼儿语言教学经验以及现阶段语言教学中的技术，对未来的幼儿语言教学进行畅想，旨在为未来幼儿语言教学提供新的思路。

闫继让

2022 年 7 月

目录

第一章 学前儿童语言教育理论基础

第一节 有关儿童语言教育的理论

一、绘本阅读活动开辟语言指导教学新路径的理论基础

（一）皮亚杰认知发展阶段理论

根据皮亚杰的认知发展阶段理论，我们可以知道幼儿园时期主要为前运算阶段。儿童在感知运算阶段获得的运动行为模式在这一阶段内化为表象或形象模式，并且能用语言或较为抽象的符号来代表他们经历过的事物。[①]也就是说，这一阶段儿童主要通过语言与符号感知事物。绘本的两大要素图片与文字，则是语言与符号的完美结合。在皮亚杰认知发展阶段理论的基础上，本书提出在教学活动中，绘本选择和绘本教学要遵循幼儿身心发展规律，在幼儿原有认知经验和结构的基础上，积极发挥绘本在语言、情感、想象力等多方面的作用，从而更好地综合利用绘本这一优秀的早期阅读材料。

---

① 陈琦，刘儒德.当代教育心理学[M].北京：北京师范大学出版社，2007：32.

（二）维果茨基最近发展区理论

通过最近发展区理论，我们可知：从教学内容到教学方法，教育者不仅要考虑儿童现有的发展水平，而且要根据儿童的最近发展区给儿童提出更高的发展要求，这样才更有利于儿童的发展。[①]维果茨基的最近发展区理论对于幼儿园的绘本教学也有着重要的意义。教师在选取绘本及进行绘本教学时，都要考虑到幼儿的最近发展区，所选取的绘本不能过于简单，也不能太难，所设计的活动同样不能太简单或太难。并且，在绘本教学中，幼儿在教师的指导下活动，而教师的指导应逐渐减少，最终使幼儿独立发展。

（三）加德纳多元智能理论

多元智能理论认为每个人都拥有多种智能，受遗传和环境的影响，这些智能在不同个体身上的体现是有差异的。[②]比如，在教学中，教师会发现有的幼儿语言表达能力强，有的幼儿画画好，幼儿教师应根据活动内容、幼儿的智能结构、学习兴趣和学习方式，创设多样的、适宜每个学生发展的教育方法和手段。比如，绘本图文并茂，教师可以让幼儿看绘本（空间智能）、读绘本（语言智能）、演绘本（肢体动觉智能、音乐智能）、画绘本（空间智能），这些为绘本教学提供了多种可能。教师可根据不同的绘本为幼儿选择适宜的、多样的教学方法，从而发展幼儿多元智能。

（四）情境认知理论

情境认知理论是 20 世纪 90 年代兴起的，其代表人物是布朗、科林斯与杜吉德。情境认知理论的出现是为了反对单纯依靠符号、规则的认知，而强调认知的过程需要结合文化的背景。情境认知理论认为，知识不是固定的、刻板的，而是动态的、多变的。知行是交互的，知识只有在特定的情境当中被传授，才能更好地被迁移。心理学趋向的

---

① 陈琦，刘儒德.当代教育心理学[M].北京：北京师范大学出版社，2007：40.
② 陈琦，刘儒德.当代教育心理学[M].北京：北京师范大学出版社，2007：52.

情境认知理论的研究重点是真实的学习活动中的情境化内容，中心问题是创建实习场，在实习场内，以情境作为教育工具，为个体学习提供支持，个体与环境的互动的过程中，实现了知识的增长。①

情境认知理论对于绘本运用于幼儿园的大班语言领域教学具有重要启示。绘本中的"情境性"和"生活性"符合情境认知的特点，绘本图画生动有趣，故事内容丰富多彩，贴近幼儿生活，可以帮助幼儿更好地提高认知能力。教师也可以组织幼儿倾听、讲述、想象、欣赏、绘画、表演等，通过多种教学方法使绘本的学习由静态变为动态，激发幼儿的兴趣，促进幼儿语言能力的发展。

（五）整体语言教学理论

20 世纪 80 年代，美国语言学家肯·古德曼最早提出了整体语言教学的概念。整体语言教学是在心理学、教育学和社会学等学科基础上提出的，该理论指出要把语言作为一个整体进行教学，这在当时许多国家都产生了巨大的反响。整体语言教学强调语言的学习不能被割裂，反对一切割裂语音、语调、词汇等的教学行为，强调"听""说""读""写"的统一，并且要与社会、生活、文化等相结合。整体语言教学倡导语言教学要注重整体，而阅读就是一种能结合"听""说""读""写"最高效的方式。

整体语言教学理论对于绘本运用于幼儿园的大班语言领域教学具有启迪作用。绘本作为一种图文相结合的图画故事书，是儿童最佳的阅读读物。幼儿倾听家长或教师生动地讲述绘本故事，有助于促进亲子关系和师幼互动；幼儿用自己的语言把故事讲述出来，有助于发展语言组织能力和表达能力；幼儿独立阅读绘本，观察画面，有助于提升想象力和独立思考的能力；在阅读过后，幼儿用绘画的方式续编、创编故事等，为以后书写做准备。可见，绘本是发展

---

① 高宇.情境认知理论视角下幼儿积木游戏中的深度学习 [J].重庆第二师范学院学报，2020（9）：80-84.

"听""说""读""写"能力的最佳载体。

（六）多模态理论

多模态理论是由克瑞斯和万莱文提出的，最早被应用于 20 世纪 90 年代来分析语言学。多模态理论强调意义的传达需要利用各种感官及符号。感官包括触觉、视觉、听觉、味觉和嗅觉等，而符号则包括除了语言之外的，图像、色彩和声音等。这些符号和语言的重要程度一样，都能够构建意义和传达意义。多模态话语分析理论的主要观点为：语言以外的其他符号系统也是意义的源泉，同样可以表达意义；不同的模态存在相同的符号原理，可以表达相同的意义。①

多模态理论为绘本教学提供了理论依据，进一步阐释了绘本运用于幼儿园大班语言领域教学的必要性。绘本是由文字和图画共同组成的，绘本中的文字、图画、色彩、人物等构成了多模态的符号资源。在语言领域教学中，使用绘本能够通过图片、色彩、文字、动作等多种多模态符号帮助儿童更加深刻地理解故事内容和故事中蕴含的意义，进而促进幼儿的语言发展。

二、信息技术与幼儿语言指导教学整合路径的理论

（一）幼儿语言习得的特点

幼儿语言习得对整个幼儿语言教学的重要性不言而喻。在实际的幼儿语言活动指导过程中，教师应着重从幼儿语言构建的角度进行论述，并运用如下的图形进行简要概括，从而更为直观地展示幼儿语言习得的特点以及重要性，如图 1-1 所示。

---

① 杨陈文娟，孙军秀 . 多模态理论下的英语绘本解读 [J]. 海外英语，2019（20）：209-210.

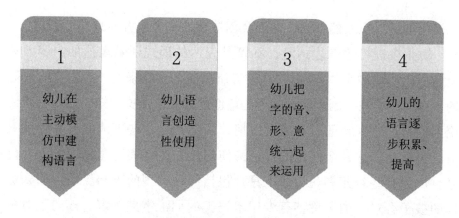

图1-1 幼儿语言习得的特点

1.幼儿的语言学习是幼儿在主动模仿中去建构语言

"儿童学习各种语言符号及其结构组织方式的过程不是完全被动的。""一方面,儿童对于周围人们提供给他们的语言规范进行着种种选择,只有那些他们能理解、能模仿的语言范式才会被他们所注意,并有意识地去加以练习;另一方面,儿童在直接模仿成人语言的同时,总是在根据自己的需要进行着创造性、变通式的模仿,即将听到的句子稍加变动,变成自创的语言进行表达。"①

2.幼儿的语言学习是幼儿语言创造性使用的过程

"幼儿的语言学习具有个别化的特点,教师与幼儿的个别交流、幼儿之间的自由交谈等,对幼儿语言发展具有特殊意义。"②笔者在幼儿园中通过"左与右"游戏及长期对幼儿学习语言的观察得出:学龄前儿童在模仿语言的过程中表现出选择性和变通性,也就是说,学龄前儿童学习语言是一个个性化的过程,是一个创造性使用的过程。每个幼儿都在运用已有经验及所积累的语言词汇与他人交流,并从中学习新的语言词汇和语法。即使是为幼儿提供了完全相同的语言范例,不同的幼

---

① 张明红.学前儿童语言教育[M].上海:华东师范大学出版社,2001:101.
② 教育部基础教育司.《幼儿园教育指导纲要(试行)》解读[M].南京:江苏教育出版社,2008:32.

儿模仿的结果也迥然不同，他们会创造性地扩展或者缩减词汇和句子。

幼儿在进行语言表达时，不管是表达的形式还是表达的内容，总会表现出明显的个体差别。"从语言所反映的事物来看，人们喜欢谈论的主题与内容往往因人而异。"①儿童也是如此。众所周知，幼儿喜欢谈论他们自己感兴趣的玩具或者事情，而幼儿对这些事情的喜好程度又极具个性化，这种个性化的喜好又使幼儿在语言表达时呈现出个性色彩。比如有些幼儿喜欢交通工具，包括各种类型的车和轮船，那么这样的孩子会对车的名称甚至专用术语类的词汇掌握较多，他的脑海里有大量有关"车"的词汇和句子，这些幼儿"超出常人"也就不足为怪了。

3. 幼儿学习语言是幼儿把字的音、形、意统一起来运用的过程

语言是一系列符号系统，总是要反映一定的事物。幼儿在学习语言时，必然要理解语言的含义，即幼儿要理解语词所代表的一类事物，它反映了事物的哪些具体特征，呈现出什么意思以及表达了怎样的感情等。因此，幼儿语言习得的过程常常和他们认识事物的过程相互关联。

4. 幼儿学习语言是幼儿语言逐步积累、渐渐提高的过程

"儿童学习和掌握语音、词汇、句子，都需要一个过程，从无到有，从不理解到部分理解再到完全理解，积少成多，逐步形成，逐步完善。"②幼儿学习和掌握语言的这个过程呈现了幼儿语言发展过程的年龄特点。所以，我们在与幼儿交谈时尽量用短句，多做描述，少用抽象的语词，放慢语速，语音要清晰。幼儿对语言的学习不是"鹦鹉学舌"，而是带有明显的兴趣爱好和选择性，通常他们容易对自己感兴趣的语言投入学习。幼儿期是接受语言能力最强的时期，也是语言发展速度最快的时期，教师如果提供给他们丰富的语言范例、题材多样的

---

① 张明红. 学前儿童语言教育 [M]. 上海：华东师范大学出版社，2001：102.
② 张明红. 学前儿童语言教育 [M]. 上海：华东师范大学出版社，2001：103.

文学作品，就能丰富幼儿的语言经验，既有助于幼儿普通话的教育与培养，又有助于幼儿语言能力的发展。

（二）信息技术与学习动机

在培养提高学习动机方面，信息技术不仅能激发兴趣，还能提供及时的、真实的、人性化的反馈信息，令学习者的兴趣更加持久，更加牢固。这是因为：一方面，信息技术不仅丰富了学习内容和形式，保持学习的新鲜感，还赋予了学习者更多的主动权，让学生更加投入学习。另一方面，我们要认识到维护培养动机比即发动机更难且更重要，如果仅仅依赖一时的新鲜感，那么多媒体对动机的提高只会是短暂的。要想让动机"保鲜"，我们就要充分借助教育技术的优势，运用多媒体、多渠道传递形式多样的信息和素材，强化学习者的感官刺激，让信息停留的时间更长。从理论上讲，在人类接收信息的过程中，五种感官的重要性不尽相同，单一的信息渠道远不如复合的感知途径有效。[①] 所以，媒体对于幼儿的语言发展帮助非常大，换句话说，媒体可以给孩子创设一个多样化、丰富的语言环境。

（三）模仿论和强化论

模仿论和强化论都是以行为主义学习理论为依托的，强调语言习得是后天学习的结果，属于强调后天学习因素的外因论。

模仿理论分传统模仿说（或机械模仿说）和选择性模仿说两种。机械模仿说的代表人物是美国心理学家阿尔波特（Albert），他认为幼儿学习语言只是成人语言的翻版，忽视了儿童在学习语言过程中的积极性、主动性及创造性。选择性模仿说的代表人物是怀特赫斯特和瓦斯托，他们在《语言是通过模仿获得的吗？》（1975 年）一书中阐述了儿童在模仿中学习语言的过程是具有选择性的，"和传统的模仿说相比，选择性模仿具有两个特点：第一，示范者的行为和模仿者的行为

---

① 赵勇.传统与创新：教育与技术关系漫谈 [M].北京：北京师范大学出版社，2006：38.

反应之间具有功能关系，即两者不仅在形式上，更重要的是在功能上也相似。因此，模仿者对示范者的行为不必是一一对应的临摹。第二，选择性模仿不是在强化和训练的情况下发生的，而是在正常的自然情境中发生的语言获得模式。"①即幼儿学习语言并不是对成人语言的翻版，而是具有选择性和创造性的。幼儿能够把范例的语法框架应用在新的情境中来表达新的内容，或将模仿到的结构加以重组变成新的结构。如"左右的认识"，最后幼儿会在脑海里形成一个语法框架"我有两个 X，一个左 X，一个右 X。"因此获得的语言既是学习和模仿的结果，又具有新颖性。

强化理论的代表人物是美国行为主义心理学家斯金纳。"斯金纳把儿童的语言获得看成是刺激—反映—强化的过程。在这一过程中，儿童对一个刺激做出正确的反应，就会得到成人的强化（口头赞许或物质上的满足），这就增加了在类似情境中做出正确反应的可能性，这个过程就叫作强化。"②成人的赞扬通常是用语言表述，这些语言常常与某种特定的情境相关联，所以成人的语言逐步变成具有不同含义的刺激，也就是成为另一个反应的刺激，同时成为反应的强化因素，幼儿就是这样慢慢学会了语言。

（四）相互作用理论

语言的习得既有后天环境因素又有先天遗传因素，先天和后天相互作用理论分为认知相互作用理论和社会相互作用理论两种。

认知相互作用理论的代表人物是瑞士心理学家皮亚杰和美国心理学家斯洛宾。"该理论认为，语言发展必须以最初的认知发展为基础，并通过同化和顺应过程——用熟悉的形式去理解不熟悉的话语（言语理解），用熟悉的结构去创造新的语法（言语产生）——与认知发展整合

---

① 张明红.学前儿童语言教育[M].上海：华东师范大学出版社，2001：84.
② 张明红.学前儿童语言教育[M].上海：华东师范大学出版社，2001：84.

在一起。"[①]即儿童语言的发展是在认知结构的基础上形成的，是主体和客体二者相互作用的结果。儿童语言结构的形成带有创造性，不是被动的"鹦鹉学舌"和"成人语言的翻版"。

社会相互作用理论"与认知不同的是它把参与相互作用的因素扩大到社会环境、认知发展、语言知识和先天成熟因素，而这些因素相互依赖、相互作用共同促进儿童的语言发展。"[②]也就是说社会相互作用理论强调了语言环境对于语言学习的作用，肯定了语言学习是以一定的生理成熟和认知发展为基础的，肯定了模仿和联想在习得语言中的作用，肯定了语言学习的主动建构过程，肯定了交往和交际在语言学习中的重要作用，把幼儿及其语言环境看作是一个开放的系统，认为幼儿不是语言训练的被动接受者，而是一个有着思想和创造性的语言加工者。

（五）多元智能理论

多元智能理论不同于传统的智能理论，在概念上有着明显的区别。关于"智能"的定义，教育心理学家、认知心理学家、社会心理学家及遗传学家认为以下几种是比较有影响的：

"认为智能是判断理解及逻辑推理的能力；认为智能是产生和掌握概念的能力；认为智能是适应新环境的能力；认为智能是根据适时做出决定的能力；认为智能是理解不同事物之间关系的能力。""认为智能是学习的成果""有人认为智能是使用媒体的技能，还有人认为智能是人如何运用信息资源，如图书馆、网络、资料卡片的能力"。[③]这些传统智能的定义基本都是为了解答智力测验试题的能力。

多元智能理论远比传统智能观念复杂。多元智能理论是由世界著名教育心理学家霍华德·加德纳（Howard Gardner）提出的。加德纳

---

① 赵寄石，楼必生.学前儿童语言教育 [M].北京：人民教育出版社，2001：84.
② 赵寄石，楼必生.学前儿童语言教育 [M].北京：人民教育出版社，2001：87.
③ 霍华德·加德纳.多元智能 [M].沈致隆，译.北京：新华出版社，1999：16-17.

认为："智能是在某种社会或文化环境的价值标准下，个体用以解决问题、生产和创造成功所需的能力。""智能是在特定的文化背景下或社会中，解决问题或制造产品的能力。解决问题的能力，就是能够针对某一特定的目标，找到通向这一目标的正确路线。文化产品的创造，则需要有获取知识、传播知识、表达个人观点或感受的能力。从构思一部小说的结尾到下棋时把对方将死，甚至修补一床棉被，都是生活中需要解决的问题。"① 他指出，人类智能是多元化的，每个个体至少具有 7 种不同程度的相对独立的智能，即语言智能、数理逻辑智能、视觉空间智能、音乐智能、身体运动智能、人际交往智能和自我认识智能。加德纳之所以把语言智能（linguistic intelligence）放在 7 种智能的首位，是因为语言智能是人类共同拥有的智能，是整个社会中最受重视的智能，也是 IQ 所测试和表现的智能。那么什么是语言智能呢？"语言智能，就是诗人身上所表现出来的对语言文字的掌握能力。"② 也就是说语言智能包括对书面和口头语言的敏感程度，习得各种语言的能力，以及运用语言实现预定目标的能力。

语言智能在社会系统中的重要性众所周知。而事实表明我们的语文课即使是主课，在教育中也只侧重作文和理论知识考题，而忽略了口头语言表达能力。语言表达能力是一个人综合素质的体现，缺乏语言智能的培养，就不善于表达，也就成为了所谓的"高分低能"。幼儿教育是我国基础教育的重要组成部分，语言表达能力要从娃娃抓起，发展幼儿智力，培养正确运用感官和运用语言交往的能力。语言智能与其他几种智能之间存在普遍的联系，比如音乐智能的歌唱、人际智能的交流等，语言智能都在其中起着举足轻重的作用。

---

① 霍华德·加德纳.多元智能 [M].沈致隆，译.北京：新华出版社，1999：16.
② 霍华德·加德纳.多元智能 [M].沈致隆，译.北京：新华出版社，1999：9.

三、游戏活动推动语言指导教学新路径的核心概念界定

（一）幼儿语言教学

幼儿期是语言发展的关键时期，幼儿语言教育是为了发展幼儿的语言所进行的教育，是有目的、有计划、有组织地对幼儿进行语言教育的过程。学者周兢认为，语言教育活动是特殊的语言学习过程，是整合的教育过程，其目的是使幼儿获得语言经验。幼儿语言教育的方法主要是通过课堂教学、游戏、体育、文艺、交往等丰富多彩的活动进行的。而幼儿语言教学是幼儿语言教育中的一个领域，同时也是实施幼儿语言教育的途径之一。相较于幼儿日常生活中的语言教育而言，幼儿语言教学是由教师组织发起的、较正规的以一定的组织形式开展的语言教育。

在当下的幼儿园教育中，往往习惯用"活动"代替"教学"一词，其是为了与传统的教学相区分，目的在于纠正之前幼儿园严重小学化的倾向。本书之所以依旧沿用"教学"这一表达，是取其广义的教学之义，从这一角度来讲，幼儿园的教育活动即是一种活动式教学。

（二）游戏

柏拉图认为游戏是一切幼子（动物的和人的）生活和能力需要而产生的有意识的模拟活动。亚里士多德认为游戏是劳作后的休息和消遣，本身不带有任何目的性的一种行为活动。瑞士心理学家皮亚杰（Jean Piaget）对游戏曾做以下解释："游戏是指不断重复一些行为，而主要是希望从中得到快乐。"游戏从本质上来说是一种同化（对客体的动作）。[①]杜威认为游戏是幼儿生活的一部分，他提出在幼儿阶段，"生活即游戏，游戏即生活。"幼儿教育之父福禄贝尔指出："游戏的发生是起源于儿童内部发生的纯真的精神产物，儿童在游戏中常常表现出欢跃、自由、满足及和平的心情……游戏是作为儿童时期的人的发展的

---

① Piaget Jean.Play Dreams and Imitation[M].New York:Norton,1962: 76.

最高阶段，是内在本质的自发表现，是内在本质出于其本身的必要性和需要的向外表现。"① 陈鹤琴曾这样描述游戏："游戏，是一种自然的、有兴趣的、活泼的运动，并且必须依靠游戏的力量（energy）和游戏的能力（ability）才能发生，此外还要两个附加的条件——要有快感和好动的天性。"②

虽然古今中外的思想家、教育家大部分都谈论过、研究过游戏，但是到底何为游戏，还是很难得出一个精确统一的定义。但游戏绝非不可捉摸，我们可以通过游戏时的感受以及游戏所具有的特征对游戏进行质的描述。游戏总是伴随着自由、轻松、愉悦的积极情感体验，游戏者在游戏中获得愉快感并不关注其结果，但却能自然地在其中获得主体的发展。可以说，游戏是游戏者能够完全沉浸其中，释放自我，感受到愉悦、轻松、自由等积极情感，并能在其中获得身心发展的一种自主性、体验性活动。

幼儿园语言教学中的游戏则是以语言发展为目的，游戏的设计、实施以及指导都要围绕促进幼儿语言发展的目标。尽管教学中的游戏具有一定的教育教学目的，但仍要保持游戏的真实品质，符合游戏的内在要求。

四、故事活动与幼儿语言指导教学的融合路径

（一）童话故事概念的界定

在进行幼儿语言活动指导的过程中，幼儿首先需要知晓童话故事的具体概念，并在此基础上灵活开展针对性的童话故事教学活动，真正让幼儿在聆听故事、表达故事以及分析故事的过程中获得综合表达能力的提升。为了更为直观地展现童话故事的概念定义，笔者首先运用图1-2的内容进行简要概括，并在图下运用文字进行详细论述。

---

① 福禄贝尔.人的教育[M].孙祖复，译.北京：人民教育出版社，1991：5.
② 陈秀云，陈一飞.陈鹤琴文集[M].南京：江苏教育出版社，2008：259.

图 1-2　童话故事的概念解读

1. 文学研究中的童话概念

早期中华书局出版的《中华成语词典》里指出，童话的概念是"专备儿童阅读的故事书"；当时权威的商务印书馆出版的《词源》，也把童话定义为"儿童所阅之小说也。依儿童心理，以叙述奇异之事，行文粗浅，有类白话，故曰童话"；《文艺辞典》认为童话是"直接地引动孩子的感情，惹起他们兴味的故事"；解放初，启明书局出版的《新词林》把童话看作是"为儿童而编写的故事读物"；中国大百科全书出版社 2004 年出版的《幼儿教育辞典》把童话定义为："儿童文学体裁之一，一种儿童乐于接受的带有浓厚的幻想和夸张色彩的虚构故事。"由此可以看出，文学研究中的童话主要是从读者的角度来定义的，指明童话是符合儿童心理的、供儿童阅读的读物。

2. 文化人类学研究中的童话定义

英文中的童话是"fairytale"，顾名思义，fairy 指神仙、仙女、精灵，tale 指故事，合起来为神仙故事。凯特力（Thomas Keightley）在其著作《神仙神话学》（*Fair Mythology*）和《故事与民间故事》（*Tales and Popular Fictions*）中曾讲道："fairy 一词起源于拉丁语的 fatum to enchant（以妖术使人神魂恍惚之意）。"克利台则在所著的《神仙故事的研究》中不仅列举了 fatum 一词在不同语种中的类型，而且指出 fairy 大概有四种意义："illusion 或 enchantment（奇幻、迷惑）；fairy 的住地（仙境）；fairyland 的住民；fairyland 的个人。"最后，他下了一个定义，如果把 fairy 看作一个生物，则它是"驱使魔术、咒语，解除言语、石子、药草的魔力，借那力量而保持永远的青春美貌与巨富的超自然的灵物"①。由此可见，fairytale 是"以具有这种性情、能力的超自然的灵物为中心，或这种超自然的灵物在内容中出现的故事"。童话的德文是 marchen，这是普遍为民间传说研究者所采用的德语名词，是指带有魔法或神奇色彩的民间故事，还包括令人难以相信的故事和富有幽默感的趣闻逸事。

以上对童话概念的界定主要是从童话的渊源和内容出发，而不是从读者的角度来定义，其认为童话的本质特征是其"幻想性"——通过夸张、拟人等手法来描述故事中的情节和人物，充满了神奇的幻想。

3. 心理分析理论对童话的理解

文学研究和文化人类学研究各自从不同的视角审视童话，这对于理解童话具有积极的意义，但却仍有不够全面之处。于是，人们企图对两者进行整合，以便完整地把握其内涵。

20 世纪 70 年代，美国的贝特尔海姆（Bruno Bettelhein）出版了《童话的作用》（*The Uses of Enchantment：The Meaning and Importance of Fairy Tales*）一书，这本用精神分析理论来分析童话的论著引起了世人的瞩目，同时也预示着用心理分析理论研究童话成为一种趋势。从心理分析角度研究的童话主要是一些经典的民间童话故事或文学童话故事，它们以儿童为主要读者，并充满幻想色彩。如：《小红帽》《白雪公主》《睡美人》等，这些经典童话故事具有一定的代表性，而且被广泛运用。从心理的层面了解分析童话，有助于对幼儿进行心理教育。

国内从心理分析的角度研究童话故事的学者并不是很多，刘晓东

---

① 松村武雄（日）. 童话与儿童研究 [M]. 台北：台湾新文艺出版公司，1967：71.

在其《儿童的精神哲学》第五章中从心理学层面解释童话，认为童话来源于无意识，是内在心理内容的外在化；认为童话之所以为儿童所喜爱，是因为它合规律、合目的地暗合了儿童与生俱来的集体无意识。

（二）童话故事的作用

1.童话故事可以促进幼儿的语言发展

1981年教育部颁发的《幼儿园教育指导纲要（试行草案）》关于语言教育的目标中规定了不同年龄段幼儿应该知道多少个故事，随后的幼儿园语言教育基本上也是围绕着如何讲述故事、如何创编故事结尾等展开的。2001年教育部颁发的《幼儿园教育指导纲要（试行）》中指出语言领域的目标也包括：喜欢听故事，看图书。语言领域的具体教育要求包括：引导幼儿接触优秀的儿童文学作品，使之感受语言的丰富和优美。从这些纲领性文件中可以看出，故事一直是幼儿语言发展的一个重要媒介。

近年来开展的幼儿园全语言教育中，文学教育活动是一个重要的组成部分，其中故事教学活动又是重中之重。全语言教育活动中通过故事复述活动、故事讲述活动，发展幼儿的听说能力、口语表达能力。祝士媛在幼儿全语言教育中，将幼儿对文学语言的掌握作为语言教育内容之一，与口语表达能力培养、书面语的学习共同构成完整的语言教育内容。在全语言教育中借助故事这类文学作品中流畅、生动、极富想象力和夸张色彩的语言，来丰富幼儿的语言和情感，提高幼儿的思维能力和想象能力，并通过生动形象的故事语言培养幼儿的阅读兴趣、阅读习惯和初步的阅读技能。总体来说，故事在幼儿园活动中充分发挥着语言教育的功能。

2.童话故事是幼儿道德教育的重要手段

童话故事能细腻深刻地反映人物的内心世界，当幼儿被这些艺术形象吸引时，他们会下意识地产生移情心态，会站在各种不同的角色形象立场来处理人与人之间的关系，体验各种道德情感，并随着作品的诱导做出道德判断。幼儿在欣赏故事时所产生的道德认识、道德情感和道德判断会对他们的伦理道德观念和行为产生潜移默化的影响。

李垚在《我国幼儿园语言教育儿童文学作品不同时期价值取向比较分析》中对 1996 年南京师范大学出版社出版的《语言》（中班部分）和 1983 年人民教育出版社出版的《语言》（中班部分）两套教材中的文学作品进行价值取向的比较分析。他对价值取向做了 5 种划分，即智育价值包括观察力、想象力、思维力以及知识获得；德育价值包括友爱助人、文明礼貌、勤劳、诚实、认真等 16 项；审美价值包括审美愉悦和审美理解力；语言价值包括词汇、语法掌握和听说读写能力等；创造力价值包括独立思考问题和解决问题的能力以及动手操作能力。分析结果指出，两套教材均重视对儿童道德品质的培养，1996 年的教材中有 69% 的文章提出德育目标，1983 年的教材中有 64% 的文章提出德育目标，只是不同时期的德育目标范围存在差异。两套教材关于其他领域价值均有所提及，但有关德育目标的文学作品占多数。

3. 童话故事的审美价值

近年来，幼儿故事教育中审美价值取向日益受到重视。在李吉的研究结果中也提道："1996 年的教材与 1983 年的教材相比，其中儿童文学作品凸显的审美意识和倾向，前者远远超出后者。"

肖育林在《试论幼儿文学的美学特征》中指出，幼儿故事的独特审美价值体现在以下三个方面：

第一，游戏精神的张扬。幼儿故事基于幼儿的思维特点，表现出幼儿自由幻想和无拘无束的游戏精神。在作品中充分运用游戏的方式组织文学结构及表现形式，使作品富有游戏精神，最大限度地张扬幼儿的天性，使幼儿游弋其间，产生愉悦与共鸣。

第二，出色的"荒诞美"。幼儿思维中的"自我中心思维"必然导致任意结合逻辑的思维方式，幼儿不懂得事物的内在联系，常常将不同类别、不同性质的事物混淆在一起，因此，幼儿在审美时对作品中的"荒诞"部分特别容易接受。因为"荒诞"正契合了幼儿审美心理中任意结合的思维方式。

　　第三，天真的稚拙美。稚与拙是幼儿心智未开时固有的天性，幼儿故事中的稚拙美是对幼儿天性的升华，不是愚昧无知、呆头笨脑的表现，而是高级的质朴、作家灵感的闪现。稚拙美是稚嫩、纯朴、清新、淡雅，不加雕饰，毫不做作，其展示的是一种质朴的、原始的、有悖于常情常理的，却异常透彻、异常明净、异常独特的美。

　　4.童话故事对幼儿想象力和创造力发展有特殊作用

　　优秀的童话故事充满了创造精神，有利于幼儿创造力和想象力的发展。故事中那些明是非、善言辞、巧斗智的具有创造性精神的人物形象深深地吸引着幼儿，受这类文学作品的熏陶，幼儿的想象力、创造力自然得到发展。此外，在故事创编、故事续编、故事表演等活动中让幼儿去编构出新的人物、新的故事发展情节、新的人物对话、新的故事结局，对于故事中的困难，幼儿要用自己的方法去解决，处处都给幼儿留有创造的空间。

　　康长运在《想像力与幼儿图画故事书的阅读》（2002年）中指出："幼儿在图画故事书的阅读中想象力得到充分体现，幼儿要完整地理解故事，不仅要想象他们在做什么，还要了解他们为什么这样做，并猜想画中人物之间、人物与环境之间的关系，揣摩人物的心理活动、情感体验，除了具备一定的观察力外，更需要借助想象力进入故事世界。"李麦浪的研究（1999年）也表明："小中大班幼儿在看图书时，都根据自己对角色的表情、神态的理解，去想象角色的对话。"[1]可见，图画故事书的阅读与幼儿的想象力有着密切的关系。同时，幼儿具有独到见解的想象性阅读，也是幼儿创造性的表现。

　　5.童话故事的心理教育作用

　　我国学者刘晓东从心理分析的角度阐明了童话故事对儿童心理发展的价值。他赞成弗洛伊德的理论，认为童话犹如梦一样可以帮助幼儿宣泄不安、恐惧、仇恨等情感；认为童话也具有邪恶的力量，它们

　[1]　李麦浪.幼儿看图书特点的研究[J].学前教育研究，1999（01）：29-31.

是儿童内心"邪恶"冲动的投射，但最终会被儿童"学好"的欲望所压倒。儿童通过这种幻想来控制自身内在的"怪物"。童话不仅可以宣泄负面的情感，而且可以让儿童在无意识层面上深刻地习得人类智慧、社会习俗和种种美德。从童话的心理意义出发，人们将童话引入心理诊断和心理治疗领域，挖掘童话的心理教育作用。

童话治疗是对儿童进行读书治疗时经常采用的一种方法。对于儿童来讲，最好的阅读材料莫过于童话故事。童话饱含幻想色彩，能够为儿童提供一个连接现实与虚幻的转移空间，在故事中儿童可以延伸自己的想象，在想象的世界中满足个人要求，建构自己的内心世界。在听童话、读故事的过程中，儿童将自己融入故事的情境，如同主角一样感受情绪的起伏、苦恼、挫折和困境，一直到问题获得解决，儿童仿佛经历了一场难得的生活经验。"因此在学前儿童的心理治疗中，可以借助儿童喜欢的童话故事，借助幼儿园、家庭等教育合力的作用，帮助幼儿解除成长、生活中的烦恼和困难，促进儿童人格的健康发展，改变儿童的不良行为。

Ekstein（1983年）把童话故事作为一种对精神分裂症儿童进行行为训练的工具，发现这样可以与儿童患者建立良好的沟通，使治疗更为有效。Terens（1976年）对童话故事和罗夏克墨迹测验进行了比较，指出童话故事可以用于人格评估。1992年，希腊心理学家 C. Coulacoglou 利用童话故事编制了童话故事测验（The Fairy Tale Test，简称 FTT），研究结果表明，FTT 是一种很有潜力的投射测验，它不仅可以作为一种临床评估技术，还可以作为跨文化研究的工具。与以往的投射测验相比，FTT 在结构、客观评分方面都具有优势，是比较成功的一种人格测评工具。

第二节　学前儿童语言教育的基本观点

一、完整语言教育观

（一）学前儿童语言教育目标是完整的

把听、说、读、写等方面的情感态度，认知和能力的发展，作为儿童语言教育的完整目标，即培养幼儿良好的听、说行为习惯，以及早期阅读和写作的技能。

（二）学前儿童语言教育内容应该是全面的

语言教育的内容，既要引导幼儿学习口头语言，也要学习书面语言；既要引导理解和运用日常生活用语，也要引导幼儿学习文学语言，也就是说，把幼儿语言教育中的"语"和"文"融为一体。

（三）儿童语言教育活动的过程应该是真实的、形式多样的

完整语言教育观强调教育活动的真实性，即教师在组织活动时应着眼于创设真实的双向交流情境，使语言教育活动的过程成为教师与幼儿共同建设的、积极互动的过程。

语言教育提倡以教师和儿童共同参与的活动作为语言教育的基本形式，活动的形式应该多样化。教师要为幼儿提供动脑、动口、动手的生活环境和学习材料，使幼儿成为主动的学习者。

在专门的语言教育活动、日常语言教育活动中，随时随地开展语言教育活动，展现给儿童一个完整的、真实的语言学习环境。

整合的语言教育观是指把儿童语言学习看作一个整合的系统，充分意识到儿童语言发展与其他智能、情感等方面发展是整合一体的关

系。在教学中，表现为语言教育目标的整合、语言教育内容的整合、语言教育方式的整合。

发展幼儿语言能力，不能仅限于语言教育活动中，而是要树立整合教育观，把语言领域目标渗透到各个领域中，渗透到日常生活中、人际关系中、游戏中、认知活动中、体育活动中。在家庭中、社会幼儿园集体活动中，也要引导孩子多听、多说、多看、多练，在运用与交往中发展孩子的语言。

二、整合教育观

在进行语言活动指导的过程中，教师需要对各个教学要素进行整合，以达到"整体功能之和大于各个部分之和"的效果，实现语言活动教学效益的最大化。对此，笔者注重从整合教育观的元素入手进行简要论述，如图 1-3 所示。

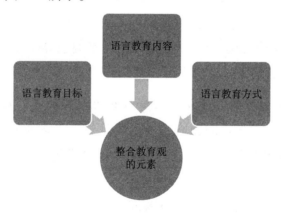

图 1-3　整合教育观的元素

（一）语言教育目标的整合

整合的语言教育目标是指既要促进儿童的情感、能力和知识的发展，又要促进语言在其他相关领域的发展，使语言教育目标成为以促进儿童语言发展为主线，同时促进儿童其他方面发展的整合目标体系。

（二）语言教育内容的整合

在选择语言教育内容时，应立足于儿童的发展，考虑学习内容与儿童发展之间的整体适应性，满足儿童发展的多元化，使语言教育立体化。因此，学前儿童语言教育内容应体现社会知识、认知知识和语言知识的整合。

（三）语言教育方式的整合

学前儿童的语言教育可以抓住有利时机，随时随地来进行。可以通过专门的语言教育活动和与其他活动结合的语言教育活动，激发多种因素促进儿童与外界多变环境和刺激的相互作用，在主动探索中满足儿童运用语言与人、事、物交往的需要，在整合的语言教育环境中获得语言和其他方面的共同发展。

（四）主要内容

首先，专门化语言教育，其主要包括语言的教育要素、听说读写、知情能力。其次，语言与其他领域的整合教育，其主要包括语言—健康，语言—科学，语言—艺术，语言—社会。最后，其他领域教育中的语言教育。

第三节　学前儿童语言教学的特点与要点

幼儿园语言教育活动是贯穿于幼儿一日生活，具有目的性、计划性，同时还具有随机性，是教师在整合的教育过程及生活中，引导幼儿主动参与，获得丰富的语言经验，促进幼儿语言能力的全面发展，使幼儿能健康地、愉快地成长的活动。幼儿园语言教育活动具有目的性、计划性和随机性，是一项专门的语言学习过程。幼儿语言教育活动分为五大板块，即谈话活动、讲述活动、听说游戏、文学活动、早期阅读活动。下面将分别阐述这五大板块的特点。

一、谈话活动的特点

幼儿园谈话活动，是一种有目的、有计划地组织幼儿学习的语言教育活动，这种活动旨在创造一个良好的语言环境，帮助幼儿学习倾听别人谈话，围绕一定话题进行谈话，习得与别人交流的方式、规则，培养与人交往的能力。谈话活动的特点主要有以下几个方面。

（一）谈话活动拥有一个具体、有趣的中心话题

谈话活动应围绕一个具体、有趣、贴近幼儿日常生活和经验的话题进行，中心话题可以从客观上主导幼儿谈话的方向，限定幼儿交谈的范围，使幼儿的交谈带有一定的讨论性质。而这个中心话题有以下几个要求。

（1）中心话题应该是幼儿熟悉的、喜闻乐见的内容。

（2）中心话题有一定的新鲜感。这个话题应调动幼儿的参与性和积极性，对幼儿有一定的新鲜感和刺激感。

（3）幼儿对中心话题有一定的经验基础。这个话题可以引起幼儿的积极思考，发展幼儿的创造性思维，引导幼儿积极参与到谈话当中。

（二）谈话活动注重多方信息交流

幼儿园的谈话活动强调幼儿运用语言与他人交流，具体表现在：

（1）谈话活动的语言信息量较大，语言形式及内容丰富。

（2）幼儿交流对象范围也较大，可以与教师交谈，也可以独自在集体面前讲述。

（3）谈话活动的语言交流方式多，包括教师与幼儿之间、幼儿与教师之间、幼儿与幼儿之间的个别交谈和集体交谈。

（三）谈话活动拥有丰富的谈话素材

这些素材必须是幼儿知识经验范围以内的，取材于幼儿参观、游览、日常生活中的观察、教育活动、游戏、电影或电视中所获得的知

识经验。幼儿的知识越丰富，谈话的素材积累得越多，谈话的内容就越丰富。

（四）谈话活动中教师起间接引导作用

（1）教师用提问的方式引出话题或转换话题，引导幼儿谈话的思路，把握谈话的方式。

（2）教师用平行谈话的方式对幼儿做隐形示范。

（五）谈话活动的语境应随意、宽松、自由，拥有一个宽松的交谈气氛

（1）话题的扩展和见解自由。幼儿可以根据自己的感受，将自己的想法表达出来，与大家共享。

（2）语言自由，不强求规范。谈话活动不要求幼儿运用准确无误的语言来表达。

二、讲述活动的特点

讲述活动是指一种有目的、有计划地培养幼儿语言表述能力的语言教育活动。

（一）讲述活动拥有一定的凭借物，主要有图片、音频、视频、情景等

这些凭借物要符合幼儿讲述的需要，同时，幼儿园讲述活动是一种集体参与的活动。

（二）讲述活动的语言是独白语言

讲述活动需要幼儿用完整、连贯的言语将内心的感受和体验准确无误地表达出来，并能得到他人的理解。其要求幼儿独自完成一段对话，这个要求较高，需要建立在一般语言基础之上。

（三）讲述时的语言情境较为正式

这表现在：一是语言规范，幼儿需要使用较为完整的连贯句；二是环境规范，一般在专门的教学活动中展开这类活动。

（四）讲述中需要调动幼儿的多种能力

这些能力包括语言能力、观察力、想象力、记忆力和思维的逻辑性，等等。

三、听说游戏的特点

幼儿园的听说游戏，是指用游戏的方式组织的语言教育活动，其目的是为幼儿创设学习敏捷反应的语言运用功能的情境。

（一）在游戏中包含语言教育目标

（1）听说游戏包含的语言教育目标具有具体的特点。

（2）听说游戏包含的语言教育目标具有练习的特点。

（3）听说游戏包含的语言教育目标具有含蓄的特点。

（二）将语言学习的重点内容转化为一定的游戏规则

游戏规则包含两种类型：一种是竞赛性质的游戏规则；另一种是听说游戏的规则。听说游戏的规则不具有竞赛性质，但同样能产生激励机制效应。

（三）在活动过程中逐步扩大游戏的成分

听说游戏兼有活动和游戏的双重性质，具有从活动入手逐步扩大游戏成分的特征。可以从三个方面看出过渡的过程：一是由外部控制向内部控制转换；二是由真实情景向假想情景转换；三是由外部动机向内部动机转换。

四、故事活动的特点

幼儿园的故事活动，是以故事作品为基本教育内容而设计组织的语言教育活动类型。

首先，幼儿园故事活动是一系列活动。故事作品学习活动是一个包含美、欣赏美、表现美，以及表达自己对作品的理解和想象的系列多层次活动。其次，幼儿园故事作品是教育发展的完整语言。再次，故事作品教育活动是幼儿四种语言能力的紧密结合，无论是从内容上看还是从形式上看，故事作品教育活动都与美术、音乐、动作等多种符号系统相互融合和渗透。在故事作品教育活动的过程中，幼儿活动的自主性较大，他们可以在教师的引导下进行表演、操作、讨论，在亲自操作实践、探索和想象创造中达到对作品和故事语言的准确、深刻的理解与感知。从次，故事作品学习活动应与其他教育活动有机地结合起来，以帮助儿童更好地理解作品。最后，幼儿园故事活动围绕故事作品展开活动，常用的故事作品包括儿童诗歌、童话故事、生活故事、幼儿散文，等等。

五、绘本活动的特点

幼儿园的绘本活动，是指有计划、有目的地培养幼儿学习书面语言的教育活动。

（一）幼儿园绘本活动需要丰富的阅读环境

首先，绘本环境包括两个方面：①精神环境。在绘本中，教师应为幼儿创设宽松、自由的阅读氛围，还要为幼儿创设浓厚的阅读气氛；②物质环境。教师要努力为幼儿创设丰富的阅读物质环境，这种物质环境包括为幼儿提供阅读的时间和空间两个方面：①时间方面。教师在安排好每月有计划的阅读活动之后，应该在日常活动中保证幼儿有一定的阅读时间。教师可以利用幼儿日常生活的各个过渡环节让幼儿进行阅读。教师要培养幼儿充分利用各种机会阅读图书的习惯。②空间方面。教师要为幼儿提供足够多的阅读场所，这些阅读场所应具有较为丰富的阅读信息。教师应将活动室看作是幼儿阅读活动场所的扩展。

（二）绘本活动与讲述活动紧密相连

阅读活动与讲述活动紧密结合在一起，幼儿可以边看边说，也可以在看完之后把图书的大意讲述出来。讲述的形式可以多种多样，幼儿可以独自讲述图书的主要内容，也可以在小组、集体中讲述；可以一个人讲述一本图书，也可以由两三个幼儿共同讲述一本图书。

（三）绘本活动应具有整合性的特点

绘本是一种整合性教育，它贯穿于各种活动中，应与语言教育活动、其他领域教育活动紧密结合起来。绘本活动的整合性还体现在绘本是书面语言与口头语言的结合。

（四）绘本活动提供具有表意性质的阅读材料

这些阅读材料应是有意义的、形象的且有一定规律可循的文字，以帮助幼儿形成书面语言的初步认识。

（五）绘本活动具有鲜明的文化和语言背景

在绘本活动中，母语的特性可以很好地体现出来，从而帮助幼儿学习书面语言。

第二章　幼儿语言指导教学谈话活动开展的新模式

第一节　提升教师素养助力语言谈话活动开展

在本节中，笔者着重从幼儿教师的语言素养方面进行论述，分别介绍了幼儿教师语言素养的构成、特点、作用，以及培养幼儿教师语言素养的策略，旨在让幼儿教师获得语言素养的提升，促进语言谈话活动的有效开展。

一、幼儿教师语言素养的构成

（一）以教学语言形式分类

教学语言形式多种多样，笔者在此简要介绍了最为常见且重要的几种教学语言形式（图 2-1），以及各个语言形式的作用。

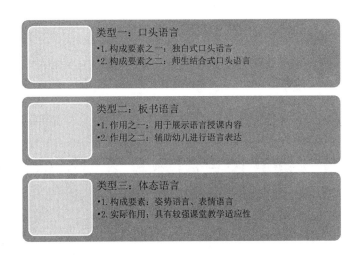

图 2-1 教学语言形式分类

1.口头语言

口头语言分为独白式口头语言和师生结合式口头语言。独白式口头语言是单向性的语言，即教师向幼儿传达知识。师生结合式口头语言是指师生互动式的语言。在实际的语言谈话活动开展过程中，教师可以根据实际需要灵活选择独白式口头语言或师生结合式口头语言。

2.板书语言

在开展语言活动的过程中，教师可以运用板书语言辅助语言教学活动的开展。就现阶段而言，板书语言主要是指在多媒体上展示的语言，此种语言一方面展示幼儿教师开展的语言活动内容，另一方面可以辅助幼儿进行相应问题的表达，起到一定的引导性作用。

3.体态语言

体态语言主要是指幼儿教师运用非语言因素来传递信息、表达情感态度的身体语言，比如表情语言、姿势语言等。在实际的语言谈话活动开展过程中，不同的体态语言会带来不同的效果。幼儿教师的一个微笑向幼儿传递了肯定的信息，能够激发幼儿的表达欲望；幼儿教师的一个皱眉则会影响幼儿的心情，甚至会让幼儿对语言学习产生抵触心理。这给幼儿教师的启示是：在开展语言谈话活动时，教师需要结合不同的谈话情景以及幼儿的性格灵活选择相应的体态语言。

（二）以教学语言环节分类

1.导入语言

导入语言在语言谈话活动的开展过程中具有非常重要的作用。良好的导入语言一方面可以吸引幼儿的注意力，另一方面可以激发他们的表达热情，促进语言谈话活动向前推进。在实际语言谈话活动开展的过程中，幼儿教师可以结合实际需要，灵活设置相应的导入语言。比如，为了刺激幼儿的视觉感知，教师可以引入视频形式的导入语言；为了激发幼儿的表达热情，教师可以引入具有感染力的导入语言等。

2.讲授语言

讲授语言是指解释语言知识的语言。最为常见的讲授语言的表现形式为读讲结合。使用讲授语言的步骤：①幼儿可以根据图片中的内容，单独进行口语表达，在头脑中形成个人的看法。②教师针对幼儿的看法进行针对性讲解，并解释图片中的实际内容，让幼儿通过科学观察的方式更为直观地进行相应内容的表达。

3.提问语言

提问语言是教师在幼儿语言教学中用于与幼儿进行互动的语言教学形式。在进行语言谈话的过程中，幼儿教师可以针对每一位幼儿在表达中存在的问题进行针对性指导，一方面可以了解幼儿是否在专注听讲相应的内容，另一方面可以结合幼儿的回馈反思语言谈话活动开展过程中存在的问题，并及时进行改正，实现提问语言教学效益的最大化。

4.评价语言

评价语言是指幼儿教师对幼儿语言谈话表现的总结语言。通过评价语言，教师既可以对幼儿的语言表达进行指导，让幼儿的表达思维更为多元和全面，又能总结语言教育活动的开展状况，并结合存在的问题进行针对性反思，以提升评价语言运用的艺术性，激发幼儿参与语言谈话活动的热情。

5.应变语言

应变语言是指在谈话活动开展过程中，教师为了及时解决活动开展中的突发情况而使用的一种语言。应变语言可以最大限度地判断幼儿教师的教学能力。在实际的语言运用过程中，教师可以结合活动中出现的具体情况以及个人在语言教学中的内容，灵活运用多角度的语言论述，在调动幼儿语言表达积极性的同时，让他们更为深入地投入到语言活动开展过程中，促进他们综合语言表达能力的提升。

6.结束语言

结束语言的作用是对语言活动结束后的整体性概括。这种语言可以展现幼儿教师的综合教学能力。在进行结束语言的表达过程中，教师一方面需要注重结束语言的凝练性；另一方面应该注重语言的升华性，让幼儿在真正聆听结束语言的过程中，完成新旧语言知识的衔接，最大限度地发挥结束语言的作用。

二、幼儿教师语言素养的特点

（一）语言的规范性

1.普通话发音标准

在进行普通话发音的过程中，幼儿教师要做到语速适中、语音准确、语调柔和、发音自然、具有感染力。与此同时，在发音过程中，幼儿教师需要保证语音轻重缓急、抑扬顿挫，让幼儿能够听清楚。

2.遣词造句规范性

在语言谈话活动的开展过程中，教师要保证遣词造句的正确性，一方面要积累大量的词汇，灵活运用这些词汇；另一方面应该用词准确，符合基本的语法规范，让幼儿在与教师的对话过程中受到感染，增强幼儿发音的标准性，提升整体的语言谈话活动质量。

3.规范温暖的语言

教师需要保证语言运用的规范性，一要保证语言运用的健康性，二要保证语言运用的和谐优美性，三要保证语言使用的亲切性，真正让幼儿通过语言感受到教师的温柔及关心，并在与教师的对话过程中掌握标准的发音，学会有礼貌地与他们交流，从而提升语言活动开展的有效性。

（二）语言的艺术性

1.语言的精练性

幼儿教师在开展语言谈话活动的过程中，需要保证语言的简练性，既能深入浅出地表达句意，又可以设置通俗易懂的语言，通过与幼儿进行简短的沟通，让他们了解具体的活动内容和注意事项，以提高幼儿抓取关键信息的能力，让他们在与教师的沟通中提升倾听能力。

2.语言的美感性

在开展语言谈话活动的过程中，教师需要保证语言的美感性，让幼儿真正受到教师发言的吸引，并进行模仿，使他们在潜移默化中受到教师的感染，从而提升语言表达能力。为了增强语言的美感性，教师需要注意以下几点。

（1）增强语言的人文性和知识性。在谈话活动的过程中，教师需要做到"言之有物"，既保证语言中有文化和知识，使幼儿在聆听教师的发言中进行提问，以丰富幼儿的文化知识，又要在语言中渗透知识，尤其是引入多种多样的知识，在丰富幼儿眼界的同时，让他们在实际的谈话中积累词汇，以提升语言表达能力。

（2）增强语言的丰富性。教师在与幼儿进行语言谈话的过程中为了让幼儿感受语言的魅力，可以旁征博引，引入多种类型的语言，比如熟语、典故、格言、警句等，在营造轻松氛围的同时，使幼儿感受到语言的新奇，以激发他们学习语言的兴趣，将语言教学的效益发挥到最大化。

（3）提高语言的形象性。在开展语言谈话活动的过程中，教师可以从幼儿的生活以及认知水平出发，恰当地运用修辞手法，比如比喻、排比等，让幼儿可以生动形象地理解文本内容，并模仿教师进行针对性的表达，以增强幼儿语言表达的形象性。

3.语言的节奏性

在使用语言表达的过程中，教师需要保证语言发音的节奏性，即根据不同的叙述内容灵活运用不同的语言节奏。比如，针对一些抒情类的表达，教师可以在表达中合理调整语音、语调、语速，以传达教师个人的情感，让幼儿真正感受到发言中不同语调的魅力，即以节奏性的语言打动幼儿，从而获得良好的谈话活动效果。

4.语言的激励性

在谈话活动的开展过程中，教师难免发现部分幼儿出现灰心丧气的状况。对此，幼儿教师可以运用激励性的语言，站在幼儿的立场思考问题，让他们真正感受到教师的关注和鼓励，并真正投入到语言的表达中，发挥激励性语言的作用。

5.语言的幽默性

幽默性语言的作用有如下两点：第一，增强语言教学活动开展的顺畅性。教师通过轻松愉快的语言，很容易就和幼儿打成一片，从而促进语言活动开展的顺畅性。第二，在谈话活动中，教师可以引入具有知识性和趣味性的语言，让幼儿在与教师的对话过程中增长知识，掌握语言表达技巧。为了达到这种效果，教师在开展语言谈话类活动的过程中可以使用诙谐幽默、睿智含蓄的语言，让幼儿感受语言的趣味性，并尝试学习此种语言表达方式，以获得良好的幽默性语言表达效果。

6.语言的得体性

教师在开展语言谈话的过程中需要保证语言的得体性，一是与幼儿的年龄相适宜，二是与个人的教学身份相贴合，让幼儿在听清、听懂的基础上，准确把握教师表达的重点，实现语言表达的得体性。

三、培养幼儿教师语言素养的作用

幼儿教师通过提升个人的语言素养一方面可以提供个人的语言教学能力，另一方面能够增强幼儿的语言表达水平，此外还能引入多种语言谈话类活动，真正促进幼儿园语言教学的良性发展，从而获得良好的语言教学效果。在此，笔者主要从提高语言素养对教师、学生以及教育三个方面的作用进行论述。

（一）教师

在语言谈话活动开展的过程中，教师通过提高个人的语言素养，既可以营造良好的师生关系，促进幼儿与师生之间的高效交流，让幼儿感受语言的魅力，又能通过幽默性的语言，营造出轻松愉悦的氛围，让更多幼儿敢于表达，还能让幼儿在表达中获得自信，掌握相应的表达技巧，促进整体语言表达能力的提升。

（二）学生

教师通过提高个人的语言素养，对于学生的意义主要体现在如下几个方面：一是可以增强语言表达的丰富性；二是可以引入多种语言性知识，比如诗歌、诗经等，并借助多媒体进行展示，增强幼儿的想象力，使他们在语言表达中更具有感染力和形象性；三是教师可以通过开展语言教学，让幼儿在故事中加深对良好品格的认知，促进他们形成正确的价值观，让幼儿的表达具有正向性。

（三）教育

教师提升个人的语言素养对教育的意义主要体现在如下几点：第一，获得良好的语言谈话效果。在开展语言谈话活动的过程中，教师可以使用优美幽默的语言与幼儿沟通，激发他们的表达热情，最大限度地发现幼儿在语言表达中存在的问题，并进行针对性解决，从而实现幼儿语言表达的规范性，获得良好的语言谈话效果。第二，增强语言谈话活动开展的生命力。在进行语言教学的过程中，教师除了可以优美幽默的语言与幼儿沟通外，还可以引入趣味性的内容，调动幼儿的好奇心，尤其是引入中国优秀的传统文化，即其中具有育人性的故事，鼓励幼儿积极表达，以提高幼儿明辨是非的能力，让幼儿对语言谈话活动充满期待，从而增强此项活动开展的生命力。

四、培养幼儿教师语言素养的策略

（一）夯实幼儿教师运用语言基础

1. 重视实用性语言基础

夯实语言基础是进行一切语言工作的前提。为了更为高效地开展语言教学工作，教师需要重视夯实个人的语言基础，真正立足语言教学实际，执行形式有效的策略，从而为提升幼儿语言教学工作的质量赋能。为了更为直观地展示实用性语言基础的构成，笔者首先运用图2-2所示的内容进行简述，并在后面进行详细论述。

图 2-2 实用性语言基础的构成

（1）正确流利发音。掌握正确的语音规律是流利发音的关键。为了达到这种效果，幼儿教师可以从如下几点入手：第一，深入研究双音节汉语。在深入研究双音节汉语时，教师可以通过组词的方式或将双语音节融入口语交际中，从而系统性掌握现代汉语。第二，熟练掌握汉字发音。在进行汉字发音的过程中，教师需要注意特殊的发音，比如翘舌音，并通过练习的方式掌握这种发音形式。

（2）扩展表达词汇。"词构成句，句构成段，段构成篇，篇构成章。"词汇是语言的基础。为了提高语言表达能力，教师可以拓展个人的表达词汇。为了科学地掌握相应的词汇，教师可以词汇的种类为依据学习相应的词汇，比如以用途为依据，学习旅游词汇、医学词汇和汉语词汇等。更为关键的是，教师可以根据幼儿语言活动开展的实际状况进行针对性的词汇学习。

（3）夯实实用语法。在夯实幼儿教师实用语法的过程中，教师可以从如下几点入手：首先，在意识上重视。为了更好地夯实实用语法，教师需要认识语法在语言表达中的重要性，从而为后续语法知识的学习提供意识性的前置条件。其次，熟悉语法结构。教师可以从语素（包括单节音、多节音）、词语（包括成语、熟语、近义词、反义词）、短语（包括并列短语、偏正短语、主谓短语等）、句子（包括单句、复句以及句子的转换等）、句群（主要是句子之间的关系）等方面分析语法结构。最后，强化语法知识。幼儿教师可以通过多种方式强化语法知识，比如听讲座、做练习、看视频等，以提升个人的语法掌握能力。

（4）深究汉字文化。在汉字的学习过程中，教师需要深入研究汉字文化，尤其是从汉字的构成角度研究汉字，在感受汉字学习趣味性的同时，掌握更多汉字的学习方法，并在语言谈话活动中，向幼儿讲述关于汉字的各种文化故事，从而拓展幼儿的文化视野，实现语言教学的丰富化。与此同时，在汉字学习的过程中，教师需要遵循循序渐进的原则，即先简后繁的原则，不断扩大汉字学习的外延，提升整体的汉字教学水平。

2.听说读写共用，夯实教师语言运用基础

（1）以读促说，增添活水。第一，重视阅读，渊博学识。阅读是知识的内化，表达是知识的外化。在进行语言素养的提升过程中，教师需要重视阅读，尤其是重视阅读的方式方法，在广泛阅读各种内容的基础上，有效进行吸收。

在具体阅读知识吸收的过程中，教师首先需要深入思考，分析阅读内容，从不同的角度思考阅读内容，构建新旧阅读内容之间的连接，实现个人知识结构的优化、知识体系的建立。

其次，优化个人的表达思维。除了关注具体知识之间的联系性外，教师更应注重知识背后的逻辑，尤其是表达背后的逻辑。具体言之，教师可以通过对比的方式，学习知识表达背后的逻辑，即先用个人的语言表达目标物，在将个人的语言与阅读内容进行对比后，寻找两者的不同之处，即通过寻找不同的方式学习知识背后存在的逻辑，促进个人表达思维的优化。

最后，教师可以通过强化锻炼的方式，进行语言知识的学习及运用。更为重要的是，教师可以将个人的看法与同事、语言教学专家进行沟通，真正借助"他山之石"攻克个人语言表达之"玉"。总而言之，通过思考、分析以及学习的方式，教师可以让个人的学识更为渊博，从而为增强语言素养添砖加瓦。

第二，动情朗读，强化口技。除了进行文字阅读外，教师同样需要重视口语表达，尤其是朗读，真正运用动情的声音感染幼儿，让幼儿的语言表达更具有感染力。为了提高朗读能力，教师可以从如下三点入手：

一是发音响亮。教师在发音过程中需要做到"五不"，即不重复、不唱读、不填字、不丢字、不读错。

二是掌握语言停顿。教师在进行语言谈话的过程中需要重视停顿，即从各个方面入手，比如逻辑停顿、语法停顿等，以期更为精准地表达目标内容。

三是合理控制语速。在进行语速控制的过程中，教师需要根据不同的语境，合理控制相应的语速。比如，在阅读欢快、热烈的句子时，教师需要提高语速。在阅读庄严、郑重的句子时，教师需要放缓语速，即通过语速的不同以更好地贴合句子中的语境，让幼儿在聆听句子时感受语言的韵律，在提高幼儿聆听能力的同时，获得良好的口语训练效果。

第三，掌握音韵，标准表达。幼儿教师在进行语言谈话活动的过程中，可以通过掌握音韵，即合理控制"声""韵""调"的方式，增强声音呈现的美感，尤其是发出"中正雅和，悦耳动听"的声音，真正让幼儿享受到汉语发音的优美，使他们在模仿中掌握更多的发音技巧，促进师生的标准表达。

（2）以写促说，常练笔头。通过以写促说的方式，教师可以在书写的过程中，梳理纷繁的思绪，让语言表达更具有逻辑性和感染力。与此同时，通过经常练笔，教师的语言一方面会更为精练，另一方面也会更为立体，此外还能丰富内容的表达形式。再而言之，教师经过大量的练笔可以逐渐养成科学的思维方式，获得口语表达的自信。

（3）以听促说，深入生活。除了以阅读的方式进行语言的积累外，教师还可以通过聆听的方式。具体言之，教师可以从三个角度进行聆听。

一是倾听群众语言。教师为了跟上时代的发展，可以倾听群众语言，即了解群众的倾听渠道，掌握更多贴近群众生活的词汇，将之运用在语言谈话活动中，以丰富幼儿的语言构成，促进他们语言表达能力的提升。

二是学习外国语言。在学习外国语言的过程中，教师需要坚持"以我为主，为我所用"的原则，立足于个人和幼儿的教学实际，引入新颖的词汇。

三是学习古人语言。教师可以学习古人语言，尤其是一些经典的文献典籍，从中汲取古人的智慧，并将这些智慧传递给幼儿，以此真正提升语言谈话活动的文化性和知识性，促进教师语言活动开展的有效性。

（4）以说促说，内化语言。在进行语言谈话活动的过程中，教师可以珍惜每一次与幼儿交流的机会，并结合幼儿的反馈优化原有的表达词汇和逻辑，真正将活动看成是锻炼个人表达思维的训练场，逐步实现语言的内化，促进个人语言表达能力的提升，从而为增强幼儿的口语表达水平创造前置条件。

（二）提高幼儿教师的语言运用能力

1.优化语言表达意识

通过树立、优化语言表达，教师可以让个人的语言更为精练，从而准确传达句意，促进言语谈论活动的顺利开展。具体言之，教师可以尝试如下方式：首先，记录表达语言。为了对表达语言进行纠正，教师可以通过多种方式记录表达语言，比如录音、录视频等。其次，分析表达语言。在进行表达语言的分析过程中，教师可以询问个人如下问题："这句话是否出现赘述杂糅？""前后之间的句子是否存在句意重复？""这句话的表达是否与幼儿的认知相贴近？"最后，总结表达语言。教师可以通过询问的方式对个人的表达语言进行凝练，并将这种经验投入到下一次的语言访谈活动中，并再一次进行反思，从而形成良性的优化语言表达循环，增强个人的语言素养。

2.训练语言表达思维

语言表达是思维逻辑的展现形式。在开展语言表达思维的训练过程中，教师可以从多个角度入手。首先，开展条理性思维训练。教师在表达的过程中可有意增强内容的条理性，比如在保证各个内容不存在重复以及逻辑表达错误的基础上，适时地将表达的内容进行条理化论述。其次，进行拓展性思维训练。教师在开展语言谈话活动的过程中，需要有意强化个人的联想思维，尤其是同类性质的词汇，比如由水联想到冰，由杯子联想到瓶子等。最后，进行创新性思维训练。教师应有意识地培养个人的创新思维，采用批判思维进行多角度思考和分析，并不断优化原有的表达方式，在吸引幼儿表达注意力的同时，促进个人语言表达能力的提升。

3.把握语言表达节奏

在开展语言谈话活动的过程中，教师需要把握语言表达节奏。第一，注意语音语调，并以教学内容中的情感为依据，比如针对轻快的内容，可以提高语言节奏，即通过语调的变化，增强语言表达的节奏感。第二，教师的教学节奏还可以以学生的情绪变化为依据，灵活调整语言表达的节奏，在照顾幼儿心理的情况下，相机性地融入多方面知识，使他们真正在与教师的交谈中获得思维方式的升级，了解更多的知识，促进幼儿的全面发展，提升节奏化语言活动开展的有效性。

（三）增强教师的语言艺术表现能力

1.锤炼活动表达语言

语言的锤炼是对幼儿教师综合语言表达水平的展现形式之一。在进行语言锤炼的过程中，教师需要充分考虑多方位因素。首先，要深入研究幼儿语言教学标准。教师需要深入研究《儿童学习与发展指南》，尤其是加深对其中的语言部分的深入分析，将其作为日后开展语言活动的方向。其次，要增强语言表达的灵活性。在语言谈话活动开展的过程中，教师需要结合不同的语言谈话活动进行不同语言的表述。比如在进行自然景物类内容的描述时，教师可以运用生动活泼的语言，在营造轻松愉悦氛围的同时，让幼儿融入语言的描述中进行自由的想象，感受语言的独有之美。最后，要深入解读幼儿的特点。幼儿是语言活动开展的主要参与者。基于此，在进行幼儿活动的开展过程中，教师需要立体化分析幼儿的特点，一方面，研究不同年龄段幼儿的性格特点，另一方面要分析不同阶段幼儿喜欢的语言形式，灵活选择对应性的语言，并结合幼儿的喜好进行锤炼，让幼儿最大限度地聆听、消化和吸收语言，参与到相应的语言谈话活动中，在与教师的积极配合中，掌握必要的语言知识，促进其良好品格的构建。

2.增强语言文化内涵

对于幼儿而言，教师开展语言谈话活动的目的是让幼儿获得语言能力和思维能力的双重提升，即在培养幼儿敢说、想说、会说能力的基础上，让他们通过聆听具有文化内涵的语言，获得心灵的震撼和思想的启迪，从而促进幼儿的全面发展。为此，教师在语言谈话活动开展的过程中需要着重增强语言文化内涵。在实际的制定过程中，笔者建议幼儿语言教师可以从如下角度入手。

（1）提升语言的文化内涵。为了提高个人的语言文化内涵，幼儿教师可以通过阅读多类型文学作品的形式，拓展个人的视野，也可以通过观看幼儿教师语言教学活动视频的方式，了解更多的语言类活动开展思维，还可以阅读其他优秀教师语言的方式，掌握更多的语言表达逻辑，在吸引幼儿注意力的同时，让他们更为积极地投入到语言谈话活动的开展过程中，以丰富幼儿的认知世界，促进他们的全面成长，真正发挥语言教学的积极作用。

（2）兼顾语言的人文性和德育性。在增强语言文化内涵的过程中，幼儿教师可以从两个角度入手，即增强语言的人文性和德育性。在增强人文性方面，教师可以在开展语言谈话活动的过程中与幼儿讲述人性光辉的事件，尤其是具有启发意义的内容，让幼儿在感受到人性优点的基础上，成为传播这种优点的继承者。在增强语言的德育性方面，教师可以在语言谈话活动开展的过程中融入个人的人生经历，通过打开个人"心灵窗户"的方式，增强谈话语言与幼儿心灵的亲近感，让他们更为直观地了解教师的所思所想，真正受到教师语言的启迪，或通过教师的语言获得心灵的震撼，使他们获得一种积极向上的精神力量，从而实现润物细无声似的德育教学效果。这就对幼儿教师的综合素质提出了较高的要求，为此，教师需要树立终身学习的意识，通过多种途径，加深个人的文化底蕴和思想境界，让个人的语言更具有文化内涵。

3. 灵活设计表达语言

通过进行灵活多变的语言设计，教师一方面可以调动幼儿的表达热情，另一方面可以对幼儿的思维进行引导，还能推动语言教学进程的向前推进，促进语言活动教学质量的提升。为此，教师在重视语言设计教学的同时，需要找准语言设计的发力点，以达到上述效果。笔者注重从图 2-3 中的 6 个角度进行简要介绍，并在下文中做出详细论述。

图 2-3　灵活设计表达语言的类型

（1）兴趣化的导入语言。在进行语言谈话导入语言的使用过程中，教师可以尝试导入具有趣味性的语言，一方面吸引幼儿的注意力，另一方面调动幼儿的口语表达兴趣，使他们对导入的语言内容产生新奇感，并迅速投入到语言谈话的活动中，以获得良好的谈话活动效果。

（2）简练性的互动语言。幼儿教师在开展语言谈话的过程中，一方面需要保证语言交流的准确性、流畅性、清晰性，另一方面可以让幼儿聆听出语言自身的韵律美、简洁美、凝练美，使幼儿在与教师的交流中准确抓住交流的重点，并做出正确的回应。对此，幼儿教师在进行语言谈话活动前需要完善活动设计，及时预估幼儿在语言交谈过程中可能出现的问题，并进行针对性解决，在促进幼儿参与语言访谈活动的同时，积极与幼儿进行针对性主题的互动，从而提升整体的语言访谈活动质量。

（3）激励式的提问语言。教育的意义在于唤醒和激励。在开展语言谈话活动的过程中，教师需要遵循教育的意义，运用激励式的语言进行提问，在激发幼儿表达欲望的同时，使他们结合教师的引导进行针对性思考，在解决幼儿表达疑问的同时，促进他们表达的正确性，使幼儿在教师的激励下敢说、想说、会说。

（4）多元化的评价语言。笔者将多元化的活动评价语言分为如下三个部分：第一部分，评价语言态度的多元化。教师可以以评价目标为导向运用不同的态度进行评价。比如，为了让整个语言访谈活动变得生动有趣，教师可以采用幽默化的评价方式，让幼儿在获得欢乐的同时，从更为多元的角度思考相应的访谈活动问题，以促进幼儿综合语言表达能力的提升。第二部分，评价语言对象的多元化。在进行语言访谈的过程中，教师除了要关注幼儿的回答结果外，更应注重从其他多个角度进行切入，比如情感体验、交流态度和活动表现等，让幼儿更为全面地看待个人的发言。第三部分，评价语言方式的多元化。在实际的语言评价过程中，教师除了关注幼儿的实际语言表达状况以及思维方式外，更为注重幼儿在语言表达中呈现的动作和表情，并从中思考幼儿语言中的情感状况、态度情景，实现评价语言方式的多元化。

（5）机智性的应对语言。在语言谈话活动开展的过程中，教师需要灵活应对各种突发状况，并运用机智幽默的语言进行处理，一方面可以构建良好的师生关系，营造轻松愉悦的谈话氛围，另一方面可以突发状况为契机转向后续的语言谈话活动中，促进语言谈话活动的顺利开展。为了更为机智地应对各种突发状况，教师首先需要具有强大的内心，尤其是要拥有较强的心理素质；其次要具有创造性思维，尤其是要具有将意外事件与后续交流内容进行衔接的能力，实现语言谈话活动的顺利过渡，获得良好的谈话活动效果。

（6）条理性的结束语言。在语言访谈活动结束后，幼儿教师需要对整个访谈活动进行总结，既要保证总结语言的精要概括性，又要展现概括内容的条理性，将语言谈话活动进行整体性呈现，在梳理整个语言交流脉络的同时，提升整体的谈话活动质量。具体言之，教师可以运用思维导图整理整个访谈活动的过程，在与幼儿一起回忆访谈内容的同时，让他们以思维导图的构建为思考着力点，逐渐形成一个较为科学的表达逻辑，以发挥条理性结束语言的最大效益。

4.丰富语言表达修辞

幼儿教师在语言谈话活动开展的过程中，可以结合具体的访谈内容、语境，灵活采用相应的修辞，让语言表达更具有形象性，让幼儿充分运用个人的感性思维优势进行联想，即触发他们的视觉和听觉优势，让幼儿在加深对教师论述语言理解的同时感受语言的魅力，并在与教师的沟通中有意模仿语言形式，增强幼儿语言表达的丰富性，提升修辞性语言教学的有效性。笔者在此简要介绍如下三种修辞性语言表达形式。

（1）巧用比喻式语言。在进行语言谈话活动的过程中，教师可以结合幼儿的实际认知水平、思维特点以及具体的谈话内容，灵活选择比喻式语言。比如，在进行自然类语言访谈活动中，教师可以运用比喻式语言，将绿色的大地比喻成绿毯，并让幼儿联想春天中的景物进行针对性的想象，以此让幼儿的语言表达更具有形象性。又如，在进行育人化的语言访谈过程中，教师需要在运用比喻修辞方法的过程中融入个人的情感，即在论述戈壁滩白杨树这部分内容时，教师可以将戈壁滩上的白杨树看作是一个个守卫边疆的战士。

（2）善用排比性语言。在语言谈话活动开展的过程中，教师可以尝试采用排比式的表达形式，一方面增强语言的气势，给幼儿以新奇之感，另一方面可以让幼儿聆听语言的韵律之美，培养幼儿赏析语言的能力，还能将教学语言表达得更具有条理性，从而让幼儿更为直接地理解讲话中的关键点，提升整体的语言教学质量。为了达到这种效果，教师既要提高个人的语言素养，又要深入了解幼儿的认知水平和兴趣点，从而合理运用排比性语言，促进幼儿语言活动开展的有效进行。

（3）恰用对比性语言。对比性语言是指教师在明确描述事物特点的基础上，通过将描述事物与其余事物进行对比的方式，更为直观地呈现描述事物特性的一种表达方式。此种表达方式的优势在于让幼儿可以根据教师的表达更为直观地理解此事物。在运用对比性语言的过程中,教师要以深入了解描述事物的特点为前提,以了解幼儿认知为保障,合理选择对比性语言,让幼儿通过教师的表达更为直观地认识描述事物的特点,促进他们语言理解能力的提升。

第二节　营造良好家庭环境推动谈话教学进行

一、良好家庭环境概述

(一)家庭环境的定义及特点

1.家庭环境的定义

环境是指与目标主体相关的周边存在条件。家庭环境即为与家庭成员相关的周边条件。这些条件一方面包括各种关系,比如收养关系、血缘关系、婚姻关系等,另一方面包括各种境况,比如基于生活而构成的精神、文化和物质方面的内容。笔者认为家庭环境主要分为物质环境和精神环境两种。物质环境主要是指生活设施、居住条件、家庭经济状况等。精神环境主要是指与幼儿生活相关的精神环境,包括父母的教养方式、人际关系以及对幼儿未来的期望等。

2.家庭环境的构成

(1)经济地位。家庭社会经济地位一方面决定幼儿的物质生活条件,另一方面对幼儿所受父母的教育产生间接影响。在家庭环境构成中,家庭社会地位起着最为基础性的物质作用,对幼儿的心理健康成长以及语言表达起着间接性的影响。

(2)家庭结构。常见的家庭结构包括单亲家庭、复合家庭、核心家庭等。就社会而言,单亲家庭幼儿的成长状况是社会关注的重点。

在语言交流方面，笔者发现单亲家庭的幼儿在语言交流方面的能力明显低于健全家庭幼儿。基于此，在进行谈话活动的过程中，教师需要特别关注、关心、关爱单亲儿童，为他们创设交流的时空。

（3）婚姻状况。在家庭环境中，父母的婚姻满意度越高，则夫妻交流越频繁，对幼儿的心理、情绪以及社会性发展也就越有利，即在夫妻婚姻满意度高的家庭中，幼儿性格愈开朗，愈喜欢与人交流。

（4）教养方式。教养方式具有较强的综合性，是教育行为和教育观念之间的综合体。父母教养方式一方面与父母双方的综合素质密切相关，另一方面与父母的实际教育行为也密切相关。为此，在对幼儿进行教育的过程中，父母应该采取温暖的方式让幼儿对自我形成科学的认知，以促进他们良好品格的塑造以及社会行为的形成，让其可以更为积极的态度融入谈话活动中，促进他们综合表达能力的增强。

（5）亲子关系。亲子关系是父母与孩子之间关系的一种客观呈现形式，其对幼儿的多方面发展具有重要影响，比如学习水平、性格塑造、心理健康、语言表达等。在进行家庭环境塑造的过程中，教师需要意识到亲子关系对幼儿的重要影响，并将这种认知传递给家长，让家长重视亲子关系的塑造，从而让幼儿在健康友善的关系中获得全面的成长。

（二）家庭环境对幼儿语言的影响

在本部分论述中，笔者主要从家庭语言教育资源、家庭教育活动和家庭教育指导三个方面论述对幼儿语言方面的影响，让幼儿教师和家长引起重视，并在后续的幼儿谈话教学过程中进行针对性策略的制定，最终达到辅助幼儿谈话活动开展的目的。

1. 家庭教育资源对幼儿语言的影响

（1）合理运用家庭语言教育资源，提高幼儿语言表达能力

在家庭语言教育资源运用的过程中，家长结合幼儿的实际状况，灵活创造相应的语言学习环境，比如购买学习语言的多媒体材料、绘

画材料和游戏材料等，有利于幼儿在家庭环境中通过上述材料获得口语表达能力的锻炼，提高幼儿的语言表达水平。

（2）合理运用家庭语言教育资源，提高幼儿词汇表达能力

合理运用家庭教育资源在提高幼儿语言表达能力的同时，有助于提高幼儿的词汇表达能力。在具体执行的过程中：家长既要为幼儿合理选择读物，又需要参与到幼儿的阅读过程中，帮助幼儿识读词汇，如通过联系生活场景的形式，充分调动幼儿的生活感知，提高他们对词汇的掌握能力，并将这些词汇运用在阅读、复述各种读物的过程中，提升幼儿的词汇表达水平。

（3）合理运用家庭语言教育资源，提高幼儿文字阅读能力

在实际运用家庭教育资源方面，家长合理运用家庭教育资源，比如结合幼儿的爱好以及他们喜新厌旧的心理，合理分配各个材料的阅读时间，让幼儿对家庭教育资源中的阅读材料产生兴趣，比如看媒体材料、游戏材料、阅读材料等，并在家长的指导下，掌握对应的阅读方法和技巧，提高幼儿的阅读能力。

2. 家庭教育活动对幼儿语言的影响

父母是幼儿的第一任老师，家庭是幼儿的第一所学校。父母与家庭是影响幼儿语言发展的重要因素之一。通过深入研究具体影响幼儿语言的因素，教师可以从实际原因出发，制定相应的家庭活动策略，为幼儿的语言发展提供良好的家庭环境。

（1）良好的家庭语言教育活动有利于提高幼儿的词汇量

家长从主观上重视家庭语言教育活动，通过多种形式激发幼儿的词汇学习兴趣，提高其词汇量。具体言之，在家庭语言教育活动中，家长积极参与到户外言语教育活动，让幼儿通过户外活动的形式，掌握和运用新词汇，提高他们的词汇量。

（2）良好的家庭语言教育活动有利于提高幼儿的表达能力

在实际的家庭语言活动开展过程中，家长在主观上重视亲子活动，

并通过合理教育形式和指导方式，促进幼儿表达能力的提升。如在进行用故事描述生活、做家务等活动时，家长既要在主观上重视，又要让幼儿参与到实践活动中，完整论述整个活动的过程。在此之后，家长可以结合幼儿在表达中出现的小问题，如逻辑性差等，让幼儿运用"第一""第二""第三"等词汇表达，增强他们语言表达的层次性，最终达到提高幼儿表达能力的目的。

（3）良好的家庭语言教育活动促进幼儿阅读能力提升

在开展家庭语言教育活动中，家庭通过合理规划阅读材料，开展针对性阅读指导的方式，促进幼儿阅读能力的提升。具体言之，在进行科技类阅读时，家长让幼儿在阅读科技类内容后，带幼儿到博物馆，参观阅读内容中的实际科技展品。在此之后，家长让幼儿复述科技类阅读内容，并结合参观的经验谈谈感受，旨在促进幼儿阅读能力的提升。

3. 家庭教育指导对幼儿语言的影响

（1）合理的家庭教育指导可以提高幼儿的表达能力。合理的家庭教育指导可以有效提高幼儿的表达能力，其主要通过如下几点体现：

第一，家长既意识到培养幼儿语言表达的重要性，又为幼儿在提升语言表达能力方面提供相应的空间，让他们结合具体的内容进行主观化表达，使其真正获得语言表达的快乐，为进一步提高幼儿的语言表达能力奠定良好的情感基础。

第二，在培养幼儿良好的表达情感基础后，家长可以幼儿的思维思考问题。在指导幼儿阅读的过程中，家长需要摆脱个人主观化思维，从幼儿的视角思考阅读中的问题，并通过与幼儿进行交流的方式，了解他们的所思所想，提供针对性指导，让幼儿在阅读中在家长的指导下，掌握基本的阅读方法，获得阅读能力的提升。

（2）计划性的家庭教育指导，提高幼儿理解能力。在提高幼儿理解能力的过程中，家长可以开展计划性的家庭教育指导。首先，制订阅读计划。家长可以与幼儿共同商定阅读计划,将这些计划的难易程度与幼儿的实际阅读水平相贴合。其次,交流感想。在幼儿阅读结束后,家长可以与幼儿交流感想,了解幼儿的阅读水平,并着重从词汇理解、句子阅读、语境分析等角度,对幼儿的阅读进行指导,使他们更为立体地理解相应的阅读内容。最后,角色扮演。在幼儿掌握阅读内容后,家长结合具体的阅读内容,与幼儿一同扮演其中的角色,深入到扮演角色的内心,促进他们理解能力的提升。

二、良好家庭环境的塑造途径

(一)营造民主教养的家庭沟通氛围

1. 制造亲子谈心花园

在与幼儿沟通的过程中,家长可以指导亲子谈心花园为主要形式,构建具有趣味性的沟通场景,让幼儿融入其中不自觉地说出心中的秘密,并在承诺为幼儿保密的基础上,以现身说法的方式为幼儿解惑,从而真正让幼儿在聆听个人相同经历的过程中逐渐打开心结,即通过沟通的方式解决心中的困惑,促进幼儿表达能力和感悟能力的双重提升。

2. 交流态度平等尊重

在与幼儿交流的过程中,家长首先需要平等对待幼儿,真正将幼儿看作是自己的朋友,让幼儿在与家长的沟通中"卸下"心理的防备,从而真正发现幼儿在成长过程中出现的问题,并以提问的方式提出建议,比如以"为什么不?"的方式提问,真正打开幼儿的"话匣子",让他们敢于、正确表达个人的真实想法。与此同时,家长需要正面幼儿的缺点,并鼓励幼儿,为他们提供可以借鉴的建议,让他们在家长的鼓励下逐步克服困难,培养幼儿独立解决问题的心理素质,从而获得良好的家庭亲子沟通效果。

3.提供空间促进成长

在家庭化的语言教育环境构建过程中，家长为了锻炼幼儿的表达能力，需要为他们提供独立成长的空间，即在日常的生活中，为他们提供锻炼口语表达能力的机会。比如，幼儿家长可以通过让幼儿独立买东西，或是问路的方式锻炼他们的口语表达能力。与此同时，在幼儿进行独立活动的过程中，家长需要与幼儿保持一定距离，并时刻关注他们的交流动态，还要与幼儿分享独立交流的情感体验，指出他们在交流中存在的固有问题，并让他们进行下一次的实践，从而真正让幼儿掌握相应的口语表达技巧，获得良好的口语教学效果。

（二）构建宁静和谐的情感沟通氛围

1.定期召开家庭会议

家长应该十分珍视与孩子相处的时光，并应高效地运用这些时光，实现与幼儿心贴心的交流，一方面分享他们的快乐，另一方面辅助幼儿解决成长中的烦恼，让幼儿在表达中获得全面的成长。为此，家长可以定期召开家庭会议，设定相应的流程，让幼儿和家长处于同一位置，彼此既可以分享在生活和工作中的烦恼，又能说出对彼此的期待，真正打造一个有爱、有言、有期待的家庭，让幼儿在家庭会议中获得心理的成长和语言表达能力的提升。

2.示范良好的沟通方式

在家庭生活中，家长需要为幼儿做好沟通示范，真正让幼儿在家长的影响下，更为高效地与他人进行沟通，从而在促进良好人际关系塑造的同时，促进最终问题的解决。在实际执行的过程中，家长可以从如下几点入手。

（1）换位思考。在沟通的过程中，家长需要做到换位思考，一方面从个人的角度思考问题，并通过合理的表达，让对方理解自己；另一方面从他人的角度入手进行相应问题的表达，尽可能地理解他人，从而在高效沟通的基础上达成共识，促进最终问题的解决。

（2）轻重缓急。在表达的过程中，家长需要有意向幼儿示范轻重缓急式的表达模式,即首先做到着急的事情想清楚之后慢慢说,其次大的事情条分缕析地说,最后小的事情幽默说,让幼儿在向家长学习的过程中,获得情商和表达能力的双重提升。

(三)创造勤奋好学的阅读交流氛围

笔者认为良好的阅读、分享环境是营造良好家庭环境、促进谈话活动开展的重要因素之一。在实际执行的过程中,家长可以从如下几点入手。

1.营造良好的阅读氛围

为了营造良好的阅读氛围,家长需要率先做出表率,养成良好的阅读习惯,让幼儿模仿,即让幼儿在阅读的过程中促进词汇的积累,从而为提升他们的语言表达能力创造前置条件。

2.搭建阅读分享的时间和空间

阅读是积累的过程,表达是内化的过程。在良好家庭阅读交流氛围的营造过程中,家长需要为幼儿提供相应的时间和空间,让幼儿在表达中获得自信,在交流中突破个人思维的局限,从更为多元的角度表达,以实现促进幼儿综合表达能力的提升,为谈话活动的开展提供前置条件。

三、营造良好家庭环境推动谈话教学进行的措施

(一)多管齐下,培养幼儿的听说读写能力

1.构建可感式的家庭环境,促进幼儿听说读写能力的提升

为了促进幼儿听说读写能力的协同提升,教师可以从构建可感式的家庭环境入手,即打造良好的听说读写环境,让幼儿真正融入其中,不自主地进行听说读写的练习,从而获得全面的发展。在实际执行的过程中,幼儿家长可以采用如下方法。

(1)科学引入语言表达材料。家长可以在征询教师意见的前提下,结合幼儿的喜好进行针对性材料的引进,比如针对低龄幼儿,家长可

以引进模拟小动物的玩具，让幼儿在玩耍玩具的过程中获得听力的锻炼。与此同时，家长还可以与幼儿进行互动，让幼儿在不观看玩具的状况下，根据动物玩具的声音判断相应的名称，并运用语言进行表达，让他们在与家长互动的过程中学会表达。为了达到这种效果，家长需要了解幼儿在不同阶段的心理和思维特点，从而灵活选择相应的语言表达材料，培养幼儿的综合表达能力。

（2）构建家庭语言表达机制。除了进行语言材料的引入及运用外，家长更需要相应的语言表达机制，即通过多种有趣的方式考查幼儿实际表达材料的运用效果，及时发现幼儿在语言表达中存在的问题并进行针对性的指导。具体言之，笔者建议家长可以采取如下措施：以口语表达为例，家长可以随机拿出一个小动物，让幼儿发表与这个小动物之间的点点滴滴，让幼儿以回忆的方式进行相应的表达，使他们真正在联想和想象的过程中，隐形化地完成语言数据的整合和表达。在此之后，家长一方面可以对幼儿的表达内容进行补充，另一方面也可以对幼儿的表达思维进行纠正，让幼儿逐步掌握表达方法。更为重要的是，在此机制构建中，家长可以构建闭环机制，即让幼儿进行个人表达内容的纠正，并结合纠正的结果进一步进行引导，让幼儿的语言表达更为科学，从而发挥家庭语言表达机制的作用。

（3）搭建家庭表达引导机制。在可感式的家庭表达机制中，家长除了从材料引进和表达机制两个角度入手外，更需要构建反思机制，即通过自我反思和借鉴他人智慧两个途径执行。在自我反思上，家长可以阅读书籍，梳理整个幼儿语言表达机制的实施过程，发现、解决其中的问题。在借鉴他人智慧方面，幼儿教师一方面可以与其他家长沟通，了解他人的幼儿语言家庭教育方式，另一方面可以与专家沟通，比如参加专家座谈会，了解更多的育儿知识，并将这些知识与个人原有的认识进行对比，找出其中的不足和问题，进行针对性调整，从而完成语言表达育儿的反思，促进家庭表达机制的完善。

2.打造信息化的家庭环境，促进幼儿听说读写能力的有效提升

在打造信息化家庭环境的过程中，家长可以从硬件和软件两个角度入手，在为幼儿提供口语表达能力的客观环境的同时，制定相应的软件设施，即让家长参与到幼儿的口语表达学习中，打造具有实效性的信息化家庭环境。

（1）引入多种电子读写设备，为提高幼儿语言表达能力创造条件。在信息化家庭环境的构建过程中，家长需要从硬件角度入手引进相应的阅读设备，比如读写设备、电子绘本、VR（虚拟现实）技术设备等，让幼儿融入神色兼备的阅读场景中，进行相应文字的阅读和表达，最终达到提升幼儿语言表达能力的目的。

（2）提高家长参与幼儿阅读的比重，激发幼儿听说读写学习的积极性。在信息化家庭环境的营造过程中，家长是此种环境的制造者。在进行此项环境的构建过程中，家长一方面需要重视幼儿的语言家庭教育，另一方面要能够制定合理的制度，即与幼儿达成相应的协议，为幼儿提供针对性的辅助，真正让幼儿在阅读的过程中掌握相应的方法，并在家长的帮助下学习更多的阅读技巧，从而在促进幼儿阅读能力提升的同时，促进亲子关系的构建，推动幼儿心理健康的发展。在实际构建家长参与机制的过程中，家长可以从以下三点入手，如图2-5所示。

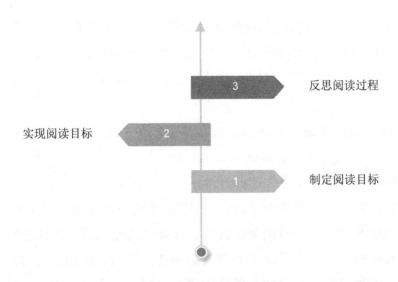

图2-5　构建家长参与式机制图

①制定阅读目标。在阅读目标制定的过程中，家长需要考虑如下问题：一是阅读的内容。为了让幼儿保持阅读的兴趣，家长可以为幼儿设定不同内容的阅读目标，合理搭配阅读中的内容，从而使幼儿不会产生阅读的疲倦感。二是阅读目标。在阅读目标制定的前期，家长需要与幼儿共读一本书，了解幼儿的阅读水平和阅读进度，从而合理设定阅读目标。三是奖惩机制。为了培养幼儿的契约精神，让他们养成言而有信的习惯，家长需要在与幼儿商讨的情况下，制定相应的奖惩机制。比如，在幼儿提前完成阅读任务时，给予他们相应的奖励；延迟完成阅读任务时，则给予他们相应的惩罚。

②实现阅读目标。除了运用奖惩机制约束幼儿的行为外，家长要在百忙中抽出时间为幼儿提供必要的帮助，甚至需要投入到幼儿的阅读中，真正通过与幼儿的沟通和交流，重新认识"幼儿"，也认识自己，并在基于认识幼儿的基础上，合理地从心理疏导、性格塑造和阅读方法讲解等多个角度入手进行相应的沟通，真正通过沟通的方式，促进幼儿表达能力的提升以及他们的全面成长。

③反思阅读过程。在进行反思阅读的过程中，家长需要从幼儿的

阅读成果入手，分析幼儿在阅读过程中的方式以及家长的指导方法，并在此基础上，征询其他家长的意见，对个人的家庭化阅读方法进行调节，真正让幼儿在信息化阅读的过程中获得听说读写多重能力的提升。

（二）内外兼顾，提升幼儿综合语言表达能力

1.构建家庭式的交流环境

在家庭式交流环境构建的过程中，家长可以从如下几点入手：首先，交流原则。在交流的过程中，家长需要充分尊重幼儿的主观看法，既要让幼儿将个人的看法和盘托出，又要结合幼儿真实的内心想法进行针对性指导，在促进幼儿心理健康塑造的同时，让他们更为真实地表达个人的看法，促进幼儿的全面成长。其次，交流时空。家长需要考虑个人的工作时间和幼儿的休息时间，合理设置具体的交流时间和空间，在让幼儿形成定期交流习惯的同时，真正为幼儿提供民主的交流空间，让他们感受到表达的快乐，从而促进幼儿价值观以及思维方式的形成。最后，成果探讨。家长不仅要让幼儿正确认知个人在成长过程中出现的各种"小疙瘩"，而且还应让他们执行与家长共同商讨的策略，使幼儿真正在解决问题的过程中获得自控能力的提升以及良好心理品格的塑造，从而为后期加入谈话教学创造良好条件。

2.参与户外式的交流活动

除了构建家庭式的交流环境外，家长可以参与各种户外式的交流活动，尤其是让幼儿参与其中，这既是对家庭教育结果的检验，又能锻炼幼儿的心理素质，让幼儿通过运用各种沟通的方式解决相应的户外活动问题，促进他们综合语言表达能力的提升。在实际的户外活动参与过程中，家长可以从体育式户外交流活动切入。

通过让幼儿参与户外体育运动，家长一方面可以锻炼幼儿的身体素质，另一方面能够锻炼幼儿的顽强意志，另外还能让幼儿遵守相应的规则，促进他们的全面发展。更为重要的是，在户外体育活动结束

后，家长可以鼓励孩子与其他幼儿进行交流，发表对此次游戏的看法，培养幼儿克服陌生环境的畏惧心理，使其敢于和陌生人说话，在实际的对话中抓取关键信息，进行针对性沟通，从而促进幼儿综合表达能力的提升。与此同时，家长可以与幼儿进行沟通，一方面指正幼儿与他人沟通过程中存在的问题，另一方面为幼儿提供可借鉴性的建议，真正让幼儿在父母的帮助下借助户外活动的契机，获得表达能力的提升，从而为后续参与谈话教学活动提供良好的心理素质基础。

（三）注重方法，增强幼儿语言表达的逻辑性

1.树立正确交流的心理

众所周知，在成人之间的沟通过程中，难免会出现意见不统一的状况。在幼儿与幼儿、幼儿与教师、幼儿与家长之间的沟通中也难免会出现意见分歧的局面。为此，家长在塑造家庭环境、培养幼儿表达能力的过程中，需要让幼儿进行心理疏导，为他们提前打上心理的"预防针"，让幼儿真正意识到意见冲突的正常性。在实际的心理疏导方面，家长可以借鉴如下方式。

（1）尊重差异。在进行交流的过程中，家长需要提醒幼儿：因为每个人成长环境的不同，所以在表达的过程中需要尊重彼此的差异，即使出现意见差异，也不能因为意见的不统一而发生大声争吵的状况。针对这种状况，家长可以提醒幼儿向教师寻求帮助。

（2）求同存异。除了让幼儿在沟通过程中进行尊重差异外，家长更需要让幼儿树立求同存异的思维，即从共同认同的观点入手，进行相应的论述，让幼儿之间形成良性的共鸣，从而进行更大范围的表达，最终促进幼儿共同意识的达成，促进幼儿情商的提高。

2.掌握科学的交流方法

在让幼儿掌握基本的交流心理后，家长需要让幼儿掌握相对科学的交流方法，以实现交流效益的最大化，即让幼儿通过交流的方式，一方面可以寻找朋友，另一方面可以锻炼个人的心理素质，此外还能

提高个人的综合表达能力。在具体方法的执行上，家长可以借鉴如下方式。

（1）聆听。在进行交流的过程中，幼儿只有全面聆听对方的内容后才可进行针对性的回答。为此，在进行日常的家庭交流过程中，教师需要培养幼儿不打断他人发言的习惯，即在正确聆听对方的发言后进行针对性回复，让整个交流更具有针对性。

（2）宽恕。在交流的过程中，幼儿可能出现因为观念不统一而与其他幼儿发生争吵的状况。对此，家长需要提前与幼儿达成"小协议"，即在意见不统一时，需要尊重对方的想法，并有意识地原谅对方的出言冒犯。与此同时，在交流十分激烈时，幼儿可以争取家长的帮助。

（3）赞美。在交流的过程中，家长需要培养幼儿的赞美意识，即让幼儿发自内心地赞美其他幼儿的发言，尤其是幼儿自己没有想到但却十分有意义的发言。通过这种赞美，幼儿一方面可以认知个人思维的局限，避免早期嫉妒心的产生，促进个人团队协作意识的形成，另一方面可以了解更多的谈话思考角度，完善个人的表达思维，促进幼儿的身心发展，从而为参与谈话活动提供谈话心理和思维基础。

第三节　制定口语教学制度规范口语谈话教学

一、从对话的方向入手制定口语教学制度

在对话方向选择的过程中，笔者主要从场域、情境和话题三个角度进行论述，旨在明确对话的方向，让幼儿教师的口语谈话教学更具有规范性和有效性，同时使幼儿在对话过程中获得全面的成长。

（一）场域的选择

在进行幼儿谈话场域的选择过程中，教师可以从客观场域和主观场域两个角度切入，并借鉴如下两个原则。

1. 以爱为核心的主观场域原则

在进行交流的过程中，教师一方面让幼儿以爱为所有发言的出发点，包括父母之爱、友情之爱等，另一方面使他们充分融合个人的生命体验并进行相应的论述，着重描述其中的细节，让幼儿在表达的过程中做到言之有物，以增强他们语言表达的感染力，还要保证幼儿针对同一主题有不同的声音，比如肯定的声音、中立的声音和对立的声音等，从而为营造激情性的谈话氛围创造条件。

2. 以灵活为核心的客观场域原则

在进行场域的选择中，幼儿教师需要根据不同的谈话内容灵活选择对应的场景，并注重保持谈话场景的阳光性、洁净性等。比如，在进行自然类景物的谈话中，笔者建议教师将访谈的场域放在公园或是农业观光场所，让幼儿融入其中的场景，通过综合运用个人的各种感官进行综合性表达，从而打开幼儿内心渴望表达的"话匣子"。

（二）情境的选择

情境选择对于谈话教学的顺利开展具有积极的意义，一方面体现在与幼儿的已有生活经验建立连接，打开幼儿的话匣子，为提升幼儿谈话的参与度创造条件；另一方面可以让各种教学目标与教学情境"相遇"，实现语言教学自身的价值，即对幼儿进行思想的启迪、心灵的塑造，促进他们良好品格的构建。在实际的情景选择中，笔者着重提出如下观点。

1. 情境选择需要贴近幼儿的生活

在情境选择上，教师注重引入幼儿生活的情境，比如"妈妈领着孩子买玩具""妈妈为孩子穿衣服""爸爸和孩子做游戏"等，让幼儿联想相应的场景，并运用语言描述这种场景以及内心感受，使他们在表达的过程中做到言之有物。

2.情境选择需要与教育目标相贴合

在幼儿时期，教师需要着重培养幼儿的正确价值观和良好品格。为此，在进行谈话教学中，教师需要让幼儿说出内心的真实想法，通过深入交流，了解他们出现这种想法的原因，再结合幼儿认知的状况进行针对性的思维方式、价值观方面的调节，真正让幼儿在教师的指导下更为科学地思考问题，从而在促进他们正确价值观形成的同时，让幼儿在与教师的沟通中获得综合表达能力的提升。

（三）话题的选择

话题是谈话的重要中心点，既可以引发交谈的灵感，又能够融汇交谈的内容，是进行谈话教学的引擎。为此教师在进行谈话教学的过程中，需要谨慎选择幼儿访谈话题。在实际的话题选择中，教师应注重如图 2-6 所示的"四性"。

图 2-6 话题选择的"四性"

1.开放性

开放性包括两个方面：一是对原有主题的延展。在进行主题的选择过程中，教师需要考虑主题的延展性，既让幼儿深入主体进行探讨，又使他们对主题进行延展，促进幼儿语言表达思维的发散。二是区别于原有主题。此主题产生的路径是从幼儿的讨论中获得的。在进行谈话活动的开展过程中，教师需要关注幼儿的探讨状况，尤其是注重幼儿在探讨过程中出现的新问题，并将这种新问题作为下一次讨论的主体。

2.挑战性

谈话主题的挑战性是判断对话优劣性的重要分水岭。为了增强谈话主题的挑战性，幼儿教师在进行主题选择的过程中需要注意如下三点：第一，谈话主题的发散性。幼儿在进行谈话主题的讨论中可以从多个角度进行切入，可以让更多的幼儿融入相应主题的探究中。第二，谈话主题的育人性。幼儿可以结合个人探讨的角度进行思考，并联系个人的生活经验进行深入分析，以获得个人独有的思考结果，并运用这种结果更好地指导个人的生活和学习。

3. 针对性

在选择对话主题的过程中，教师需要做到"双结合"，一要结合现阶段幼儿的认知水平和成长经验，二要结合《儿童学习与发展指南》（以下简称《指南》）中语言领域的指导方向，真正协调好幼儿实际与教学《指南》之间的平衡，在调动幼儿表达热情的同时，促进他们的全面成长。

4. 价值性

价值性是谈话主题选择的主方向。笔者认为谈话主题的价值性主要体现在如下三个方面：首先，意识价值。通过谈话教学，教师既让幼儿懂得"真善美"，又促进幼儿优良品格的塑造以及正确价值观的形成。其次，思维价值。教师通过引入谈话话题可以让幼儿从不同的角度入手进行多元方向的讨论，从而拓展幼儿思维的高度、广度和深度，实现幼儿思维的全面性发展。最后，生命价值。教师可以引入关于生命价值的话题，让幼儿进行讨论，使他们真正对生命形成正确的认知，懂得珍惜时间，并让他们真正树立崇高的理想，在实现理想的过程中，凸显个人的生命价值，真正发挥谈话教学立德树人的意义。

二、从对话的要素切入制定口语教学制度

笔者认为谈话教学的关键性要素之一为倾听。通过倾听，师生之间可以在短时间内实现有效沟通，即听懂、准确把握师生之间对话的关键性内容，促进谈话内容的延展，增强幼儿思维的拓展性，促进他们正确价值观的形成。为此，在构建口语教学制度的过程中，笔者着

重从对话要素中的倾听内容进行论述。

（一）幼儿倾听规则

在制定幼儿倾听规则的过程中，教师可以借鉴如下两点。

1.让幼儿正确认识倾听的意义

首先，倾听可以让幼儿掌握更多的内容，拓展他们的思维角度和认识视野。其次，倾听可以让幼儿真正地尊重他人，也可以让幼儿获得他人尊重，促进良好人际关系的构建。最后，倾听可以培养幼儿捕捉关键信息的能力。

2.幼儿倾听规则的具体制定

笔者着重从如下几点进行论述：首先，幼儿在聆听他人发言的过程中要尊重他人，并保证他人将语言论述完毕。其次，幼儿要具有聆听关键信息的能力。幼儿需要在谈话过程中注意聆听关键性的内容，比如教师引导性的关键性词汇等。最后，幼儿在聆听过程中需要充分照顾发言小朋友的感受。

（二）教师倾听规则

除了对幼儿进行约束外，教师需要对个人在谈话过程中的行为进行约束。具体的约束内容主要体现在以下几个方面。

1.营造关爱、民主、和谐的氛围

为了进一步调动幼儿交流的热情，教师需要构建关爱、民主、和谐的氛围，并注重从倾听的方式入手。在实际倾听的过程中，教师一方面要呈现相应的动作，比如面带微笑、身体微微前倾等，另一方面应融入与幼儿的交流中，并通过语言，比如提问的方式了解幼儿的表达重点，并给予积极的回馈，既可以是观点上的肯定，也可以是思想角度上的启发，从而在进行有效倾听的过程中，构建和谐、民主、关爱的氛围，促进谈话活动的顺利进行。

2.进行激励、唤醒、鼓舞式的交流

众所周知，教育的本质在于激励、唤醒和鼓舞，而这些离不开教师的语言。在谈话活动开展过程中，教师需要将这三点内容融入其中，从而在激发他们表达热情的同时，让幼儿在教师的指导下更为科学的表达，促进幼儿综合表达能力的提升。笔者在此对上述三点内容进行了论述。

（1）激励。在激励方面，教师在倾听完幼儿表达的全部内容后，要了解幼儿表达的中心点，并在此基础上，分析幼儿表达的中心点，一分为二地看待幼儿的发言，重点从幼儿正向发言的内容入手进行激励，让他们真正在教师的激励下，敢于发言，锻炼幼儿积极发言的勇气。

（2）唤醒。在上段中提到需要一分为二地看待幼儿的发言，而在进行不足发言的评价方面，教师需要积极地进行唤醒，尤其是从提问的角度入手，比如运用"为什么不？""你认为……怎么样？"等语言，让幼儿在教师的指导下从不同的角度思考问题，唤醒学生内心深处的思维，尤其是对幼儿的心智进行启发，使他们真正在与教师的互动中，获得认识的升级和思维能力的提升。

（3）鼓舞。在谈话活动开展的过程中，教师需要秉持"因为相信才看见的"初心，真正相信自己的学生，并将这种相信传递给学生，尤其是这些价值观尚未形成的幼儿，要真正让他们在教师的鼓舞下，敢于表达，在教师的指导下，学会表达，发挥教育中鼓舞的作用。

三、从对话的方向落地制定口语教学制度

（一）内驱力

在制定口语教学制度中，教师可以内驱力为方向，即注重从以下两个方面激发幼儿的表达积极性。一是调动幼儿表达的好奇心。教师可以从多个角度入手调动幼儿表达的好奇心，比如主题、环境、方式等，让幼儿之间可以"知无不言，言无不尽"。二是提供自主平等的交流空间。教师可以为幼儿提供这种自由、平等的交流空间，让幼儿在兴趣的驱动力下，持续不断地交流，尝试从新的角度进行交流，不断

有新的发现、新的交流，从而增强幼儿口语交流的内在驱动力。

（二）思维力

本书中的思维力即为批判性思维。在进行谈话活动的过程中，教师需要注重培养幼儿的批判性思维，引导幼儿从两个角度进行批判。一是自我进行纠正。教师可以让幼儿表达相应的内容，并在此过程中自我反思，分析个人在表达中出现的问题，从而进行针对性纠正。二是让幼儿批判他人的表达。教师可以构建交流平台，让幼儿参与到其他幼儿的语言结果探究中，使得参与评价的幼儿其思维得到展现，同时也促进幼儿表达思维的完善。

（三）言说力

言说力主要包括四个方面内容，分别为有话会说、有话敢说、有话能说、有话想说。

1.有话会说

在有话会说方面，教师需要培养幼儿如下两个方面的能力：一是能够条理清晰地表达个人的看法，注重各个说法之间不重复。二是可以有理有据地评论他人的发言，并客观地论述个人的看法。

2.有话敢说

在谈话活动开展的过程中，教师可以结合"有话敢说"的理念，制定如下制度：第一，幼儿在表达的过程中需要勇气，真正敢于表达内心真实的想法，并将想法进行条分缕析的阐述，让聆听者可以有效抓取关键性语句。第二，幼儿表达的安全感。当幼儿在表达过程中出现的错误时，其他幼儿不能出现挖苦、批评的情况。

3.有话能说

本书中的有话能说是指每一位幼儿在谈话过程中都可以获得表达个人看法的机会。为了让幼儿获得自由发言的机会，教师可以制定如下制度：首先，轮流发言制度。在每堂课的发言中，教师可以制定轮流发言制度，即保证每一位幼儿均有发言的机会。其次，多元发言制度。在幼儿访谈教学中，教师需要落实因材施教的原则，让幼儿结合个人的优点进行多元化的表达。比如，有些幼儿喜欢绘画，教师则可以让这部分幼儿以绘画的方式展现个人的看法，并运用语言讲解图画中的内容，从而让这部分幼儿获得自信的同时，使他们更为积极地进行表达。

4.有话想说

在进行谈话教学活动的过程中，教师需要有意识地触发每一位幼儿的表达"开关"，让他们真正结合个人的优势及兴趣点进行针对性表达。为了达到这种效果，在制度的制定上，教师可以设定较为开放的话题，即让幼儿结合个人的兴趣点或生活经验进行积极表达，真正让幼儿"有话想说"。

第三章 绘本阅读活动开辟语言指导教学新路径

第一节 绘本阅读活动与语言教学的融合点

一、绘本阅读活动与语言教学的定义

（一）绘本阅读活动

1.绘本

绘本是一种集图片与文字的综合性读物。绘本并不是简单地将文字与图片进行相加，而是构建文字与图片的内在联系，使得整体信息呈现最优效果。

绘本是以图片为主，侧重展示图片色彩的丰富性、内容的简洁性以及具有趣味性的场景。绘本图片的呈现更为注重吸引幼儿的注意力，其充分利用幼儿具有较强感性思维的特性，使他们在观看图片的过程中了解各种故事，并运用语言进行个性化的表达，最终达到育人塑人的目的。

此外，在绘本阅读的过程中，幼儿家长可以与幼儿一同参与其中，

并辅助幼儿完成阅读，促进亲子关系。

　　总之，笔者在此从绘本的构成、构成要素的意义以及绘本阅读方法的实施等多个角度论述了绘本的定义。

　　2.优秀绘本的评价标准

　　通过为幼儿挑选优秀的绘本，教师一方面可以让幼儿获得美的享受，另一方面能够调动他们阅读绘本的兴趣，实现绘本阅读与语言教学之间的完美融合，真正让幼儿表达绘本中的内容，从绘本内容中积累词汇，促进幼儿语言表达能力的提升。为了让幼儿教师更为高效地挑选优质的绘本，教师可以从图 3-1 所示的主要方面进行论述。

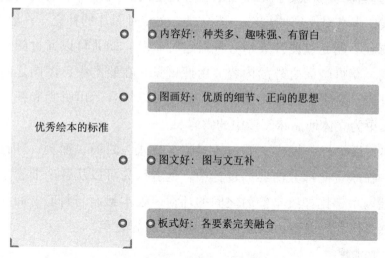

图 3-1　优秀绘本的标准

　　（1）内容好。绘本中的内容好主要是指如下几方面的内容：一是内容种类多样，比如散文类绘本、科学知识绘本、故事类绘本。二是兼具趣味性、科学性和文学性。为了适应幼儿的性格特点，绘本内容具有较强的趣味性、育人性，具有一定的人文素养。三是要有留白。绘本要有留白，从而为幼儿的思考提供充足的空间，以达到"言有尽，意无穷"的效果。

　　（2）图画好。笔者主要从两方面入手评判图画：一是客观层面。

笔者认为图画可以从细节、布局、色彩、构图等入手。二是主观层面。笔者从主观认为好的图画需要具有两个条件：第一个条件是图画一方面需要体现基本的故事情节，另一方面需要展示故事中涉及的人物情绪。第二个条件是，绘本需要体现作者的基本观点，比如作者的喜好等，对幼儿产生正向的引导。

（3）图文好。在绘本中，图文之间是相互配合的，即图片是文字的补充，文字也是图片的补充。本书中的图文好是指图文之间配合得当。具体言之，笔者着重对两种情况进行详细介绍。情况一，图画对文字进行补充。在文字无法展示相应内容时，幼儿可以通过阅读图片的方式，丰富对文字的理解。情况二，文字对图片的补充。在绘本中，有些内容不能通过图片展示。针对这种状况，幼儿可以通过阅读文字的方式，获得画面之外的内容。由此可见，在绘本中，图画之间可以相互补充。总之，通过阅读绘本，幼儿可以综合运用听觉和视觉形成痛感，更为立体地品味阅读中的内容。

（4）板式好。板式主要包括封装、板式、封面、扉页、环衬、封底等。在欣赏此部分内容的过程中，笔者认为可以从各个要素之间的融合性入手，比如绘本前后之间的环衬、绘本封面与封底之间的联系等，感受作者的用心，体会绘本独有的"艺术之美"。

3. 绘本教学

笔者将绘本教学的定义划分为三个部分：一是融合性。教师需要构建绘本教学与语言教学的衔接，着重让幼儿表达绘本中的内容，旨在促进他们表达能力的提升。二是计划性。在进行绘本教学的过程中，教师需要制订绘本阅读计划，让幼儿在阅读的过程中，逐步形成个人的认知。值得注意的是，教师需要处理好计划与变化的关系，及时处理幼儿在阅读中出现的问题，使其掌握科学的阅读方法，并进行针对性表达，从而促使他们获得阅读能力和表达能力的双重提升。三是积累性。在进行绘本教学的过程中，教师应注重积累性，让幼儿在不断阅读的过程中掌握相应的阅读技巧，形成个人独有的阅读方式和思维方式。

（二）语言教学

1.语言

语言主要包括三个方面的内容，即话语、口头语言和物理性的发音。笔者认为，语言分为两种，一种是文字性语言，另一种是口语性语言。

2.语言教学

在语言教学过程中，教师可以从说话方式、说话形式、说话内容入手，让幼儿掌握相应的表达技巧。具体言之，笔者认为语言教学具有较强的综合性，一方面是客观性因素，比如表达技巧、组织语言、倾听能力、表达能力等；另一方面是主观因素，比如心理、逻辑等。在实际的语言教学过程中，教师可以如下几点为目标开展语言教学：第一，表达的自然性。幼儿在语言表达过程中，既要自信，又要得体，还应积极表达。第二，准确表达的能力。幼儿在表达过程中需要合理运用相应的词汇，并注重结合语境，合理运用语音、语调进行表达。第三，善于倾听的习惯。幼儿只有在全面聆听对方语言的状况下，才能了解对方，并做出准确的回馈。为此，教师需要培养幼儿善于聆听的习惯，即幼儿要让对方将话说完，并通过复述或者换一种说法去理解对方的话语，并做出正确的回答。

二、绘本阅读活动与语言教学的融合点

在进行绘本阅读活动与语言教学融合点的论述过程中，笔者主要从绘本对幼儿语言表达作用方面进行论述，并着重介绍绘本的特性，从而为后期将绘本更好地融入语言教学中提供了必要的认知指导。具体言之，笔者注重从以下几方面分析绘本在促进语言教学的作用。

（一）幼儿可以绘本为载体进行表达

在组织幼儿语言活动的过程中，教师可以运用绘本开展针对性的语言教学，让幼儿运用个人喜欢的绘本进行针对性发言，或是开展故事分享，真正让幼儿言之有物。与此同时，教师还可以让其他学生参与到绘本内容的讨论中，一方面讨论绘本中的内容，另一方面对分享幼儿的表达进行针对性评价，真正打造以绘本为载体的语言交流模式，促进他们综合表达能力的提升。

（二）多彩的图片激发幼儿的表达热情

1.原因

众所周知，幼儿以形象性思维为主，并通过实物和直观想象进行思考，得出相应的答案。绘本具有图文并茂的特性，有利于适应幼儿形象化思维的优势。幼儿可以通过阅读绘本图片的方式，直观感受其中的故事，并运用个人的语言进行积极表达，从而真正调动幼儿语言表达的积极性。

2.过程

在进行绘本阅读的过程中，幼儿可以从三个角度进行表达：第一，幼儿可以从个人的情感，比如喜好入手，介绍绘本内容，在表达中获得分享的快乐以及他人的肯定，从而为下一次的表达形成良好的情感基础。第二，幼儿可以结合绘本中留白的部分进行深入想象，感受绘本阅读"言有尽，意无穷"的魅力。第三，幼儿一方面可以阅读新奇的绘本，拓宽视野，并在与他人的交流过程中获得表达的自信，另一方面也可以阅读贴近生活的绘本，加深对生活的理解，更为真实地表达个人想法，增强幼儿语言表达的精准性。

（三）趣味性绘本激发幼儿的表达自信

在阅读绘本故事的过程中，幼儿在好奇心的影响下可以更为积极地投入到绘本的故事中，一直读下去，直到故事结束。在此之后，幼儿会积极地将个人阅读的结果分享给他人，在获得他人肯定时，会更为积极地投入到阅读中，从而形成良性的阅读循环。更为重要的是，幼儿在阅读的过程中可以逐渐积累阅读思维和词汇，更为合理地进行相应内容的表达，逐渐获得语言表达的自信。

（四）连贯性绘本增强幼儿思维的缜密性

1.语言学习的方式

（1）语言学习现状及原因。在传统语言活动开展的过程中，笔者往往发现如下现象：有些幼儿在语言表达的过程中常常出现"东拉西扯"的情况；部分幼儿表达的内容相对不完整等。出现这类现象的原因在于幼儿语言表达思维缺乏缜密性。对此，幼儿教师需要一方面研究幼儿的语言学习方式，另一方面寻找与幼儿语言学习方式相符的方法，在遵循幼儿语言学习规律的基础上，组织幼儿语言活动，从而提升整体的语言教学质量。

（2）语言学习规律。众所周知，幼儿语言学习方式分为学得性和习得性两种。在语言活动开展的过程中，教师在潜移默化中将两种学习方式进行融合，并通过选择性模仿的方式让幼儿掌握相应的语言表达习惯和逻辑。具体言之，幼儿在语言学习的过程中会有意识地选择相应的内容，其既可以从个人的兴趣出发，又能够从实际的理解状况入手进行针对性的语言表达（此部分中的语言表达既可以是幼儿的复述性表达，又可以是幼儿在个人理解基础上加入新的理解），并在此过程中逐步摸索出语言表达规律，促进幼儿正确语言表达思维的形成。

2.连贯性绘本对幼儿语言缜密性思维的影响

绘本的连贯性主要体现在内容的联系性上，即绘本连贯性一方面包括图片与图片之间的连贯性，另一方面包括图片与文字之间的衔接。在语言活动开展的过程中，教师可以引入绘本，结合幼儿语言表达规律，进行针对性语言教学，使他们在理解绘本情节连贯性的同时，逐步形成科学的表达思维，从而增强幼儿语言表达思维的缜密性。具体言之，在实际的绘本阅读活动开展过程中，幼儿教师可以从图片、文字入手，即让幼儿记忆个人感兴趣的图片，尤其是图片中涉及的故事情境，并辅导幼儿结合图片进行故事情节的再概括。值得注意的是，在进行故事情节再概括的过程中，教师可以让幼儿结合个人的语言习惯和词汇基础进行表达，从增强幼儿表达逻辑性的角度进行引导，使他们更为完整地进行文本内容的复述，以达到增强幼儿语言表达思维缜密性的目的。

第二节　绘本阅读活动对口语教学的新意义

一、绘本阅读活动对幼儿的影响

（一）完善幼儿的语言表达能力

语言表达能力主要包括如图 3-2 所示的四个方面的内容。在完善幼儿语言表达能力的过程中，教师可以从图 3-2 所示的四个方面进行思考。

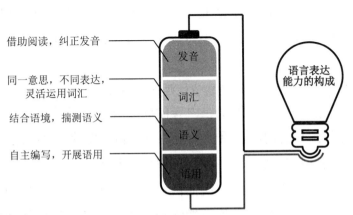

借助阅读，纠正发音　——　发音

同一意思，不同表达，灵活运用词汇　——　词汇

结合语境，揣测语义　——　语义

自主编写，开展语用　——　语用

语言表达能力的构成

图 3-2　幼儿语言表达能力的构成

1.发音

通过组织绘本阅读活动，教师可以利用多种方式纠正幼儿的发音，比如通过直接指导等，让他们的发音更加标准。

2.词汇

幼儿通过大量的绘本阅读可以积累一定数量的词汇，尤其是不同领域的词汇。在进行语言表达的过程中，幼儿可以搜集积累的词汇量，进行更为全面的表达。与此同时，幼儿在实际的语言表达中，可以结合实际的内容，进行词汇的迁移，实现"同一意思，不同角度表达"的目的。

3.语义

幼儿在阅读绘本时，可以感受同一个词在不同的语境中具有不同词义，即可以结合词汇所在的语境，合理揣测该词汇的词义。这一过程有利于他们语境思维的形成，为后续幼儿语言表达奠定良好的基础。

4.语用

语用是各种因素综合作用的结果。幼儿在积累了一定的词汇量，掌握了标准的发音，语义能力得到明显提升的情况下，可以结合不同的场景，灵活运用相应的词语，以达到表达个人看法的目的。在实际绘本活动开展的过程中，教师可以组织幼儿自主编写绘本，即让幼儿结合个人的语言知识储备，进行相应的绘本编写，从而真正为幼儿的语言运用提供良好的条件，促进他们语言运用综合能力的提升。

总而言之，在组织幼儿开展绘本活动的过程中，教师应真正理解语言表达能力的实际内容，并以这些内容为幼儿语言教学的总目标，在绘本教学的过程中进行有效渗透，真正让幼儿在学习绘本、品读趣味性故事的过程中，掌握基本的发音、词汇、语义、语用等，让他们结合个人的语言习惯进行针对性表达，使他们真正敢说、会说，以此促进幼儿综合语言表达能力的提升。

（二）促进幼儿的社会性发展

绘本是幼儿认识世界的"大门"，包含多种多样的内容。在阅读绘本的过程中，幼儿一方面可以加深对社会道德的认知，尤其是能学习"真善美"，促进正确价值观的形成，另一方面能够掌握相应的社会规则，尤其能掌握基本的行为规范，为更好地融入未来的生活和学习打下基础，最终实现社会性发展。在具体的论述中，笔者着重从如下三个方面论述了绘本教学对幼儿社会性发展的作用。

1.人际关系

（1）亲子关系的构建。常见的亲子关系分为三种，即民主型、专制型和放任型。在这三种关系中，民主型最有利于幼儿的全面发展。为了构建民主型的亲子关系，幼儿教师可以定期组织绘本阅读活动，即定期组织"亲子共读绘本书"活动，选择亲子类的绘本，让家长和幼儿共同阅读，不仅可以促进家长对幼儿的了解，还提高了幼儿对父母的认知。在活动中，家长可以与幼儿保持适当的距离，并准确接收幼儿传递的信号，通过交流的方式，解决幼儿的问题。总之，幼儿教师通过绘本阅读的方式，寻找亲子沟通的"发力点"，实现亲子有效沟通，最终达到提升幼儿表达能力和塑造良好亲子关系的"双赢"局面。

（2）同伴关系的构建。除了亲子关系，同伴关系也是幼儿日常生活和学习中不可缺少的部分。为了辅助幼儿构建良好的同伴关系，教师可以引入关于友情类的绘本，让幼儿真正掌握相应的交往方式，使他们可以从同伴的角度思考问题，更多地理解他人，从而使幼儿逐渐提升个人的社会适应能力。为了达到这种效果，教师可以借鉴如下两个方法：一是，阅读友情类绘本。教师可以小组为单位进行绘本阅读活动，并让幼儿选择绘本中的对应角色。二是，开展绘本表演。在绘本表达的过程中，教师可以让幼儿从主人公的角度思考问题，使他们更为深入地理解友谊以及常见的处理同伴关系的方法，以此促进幼儿的心理健康，让他们提高社会适应能力。总之，通过绘本组织角色扮演，教师在培养幼儿处理同伴关系能力的同时，也让他们懂得换位思考，使幼儿的表达更具有"温度"，从而促进幼儿语言表达水平的增强。

2.性别认知

性别认知是幼儿生活和学习中不可回避的话题。在进行幼儿绘本教学的过程中，教师可以引入与性别行为相关的绘本，注重让幼儿形成正确的性别差异认识，尤其是在社会性和情绪性、认知和身体、动作和感觉发展方面。为了达到这种效果，教师可以组织绘本阅读竞赛活动，让幼儿通过回答与性别认知相关问题的方式加深对此部分内容的认识，并让他们在阐述个人观点的过程中，增强语言表达能力。

3.亲社会行为

（1）培养幼儿亲社会行为的意义。通过培养幼儿的亲社会行为，教师可以促进幼儿的身心发展，提高他们的社会适应性。培养幼儿亲社会行为的意义具体体现在以下几点：首先，幼儿可以通过向他人提供帮助的方式，获得心理上的满足感和成就感。其次，幼儿在进行社会性活动时，可以实现更好的自我调节。最后，幼儿通过对亲社会行为的学习可以养成健康的群体意识。

（2）运用绘本培养幼儿亲社会行为的方法。为了更好地实现绘本教育与亲社会行为的融合，教师可以从如下三个角度入手：一是阅读合作类绘本。教师可以组织幼儿阅读合作类的绘本，尤其是具有实践类的绘本，并将这些实践性活动运用到现实生活中，让幼儿在彼此配合的过程中，懂得运用合理的沟通方式，在获得他人的帮助下促进共同目标的达成，促进幼儿合作思维的形成，掌握与他人进行合作的沟通技巧。二是阅读爱心类绘本。教师可以组织幼儿阅读爱心类绘本，比如让他们通过阅读关于小动物成长的绘本，唤醒幼儿内心的同情心，并鼓励幼儿将这种情感按照个人思维的习惯进行表达，真正让幼儿在绘本阅读的过程中形成同理性，促进他们表达能力的增强。三是阅读分享类绘本。通过让幼儿阅读分享类绘本，教师可以让他们真正懂得分享的内涵，并通过适当的语言去分享，在照顾他人情绪的同时，提高幼儿在交流中的情商，从而促进幼儿人际交往能力的提升。

（三）形成积极的情绪

1.培养幼儿良好情绪的作用

培养幼儿良好情绪的作用主要体现在如下三点：首先，通过培养幼儿良好的情绪，教师可以让幼儿在家庭中感受亲情的温暖，在学校中获得同伴和教师的关心，形成相对稳定的情绪，促进幼儿身心的发展。其次，促进幼儿智力的发展。"静能生智"，通过培养良好的情绪，教师可以让幼儿掌握控制情绪的技巧，让个人的内心获得平静，从而提升个人的专注力，使其客观、公正地处理生活和学习中遇到的问题，促进幼儿思维的升级，获得智力发展。最后，促进幼儿个性的发展。在日常的幼儿活动开展过程中，教师需要关注幼儿的情感需求，并运用正向的心态感染幼儿，让他们通过实际行动的方式获得情感需求的满足，使幼儿树立阳光的心态，从而满足幼儿个性化发展的需要。

2.借助绘本培养幼儿良好情绪的方式

在培养幼儿良好情绪的过程中，教师可以运用绘本，即引入不同的绘本内容，促使幼儿良好情绪的养成。在实际执行的过程中，幼儿教师可以选择如图 3-3 所示的三种绘本内容。

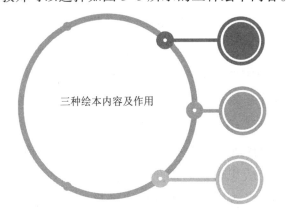

图 3-3　绘本内容

（1）人生态度绘本。教师可以选择具有积极人生态度的绘本，让幼儿在阅读绘本中，受到主人公正确意识的影响，对未来充满期待，敢于面对生活中的不如意，促进幼儿的心理健康建设，并让幼儿将这种健康向上的心理传递出去，真正将幼儿打造成为"正能量"的传播者，从而增强幼儿的语言表达感染力。

（2）交往型绘本。人际关系是影响幼儿情绪的又一重大因素。为了给幼儿营造良好的人际关系，教师可以引入交往型绘本，让幼儿在阅读绘本的过程中掌握基本的人际交往技巧，使他们站在他人的角度思考问题，考虑他人的处境，理解他人，并运用合理的方式与他人沟通，以此促进幼儿人际交往能力的提升。

（3）情绪型绘本。幼儿教师在日常的语言教学活动中需要着重从培养幼儿情绪的认知、控制和调节三个角度切入，让他们通过控制个人情绪的方式来处理自己与他人、与环境之间的关系。为了达到这种目的，教师可以引入情绪型绘本，让幼儿在阅读中加深对情绪的理解，并在表达中掌握更多控制情绪的方法，促进幼儿身心健康，使幼儿真正在日后与人交流的过程中，从个人情绪的角度体恤他人，使幼儿懂得良好地与他人沟通，促进幼儿综合沟通能力的提升。

（四）优化幼儿的表达思维

语言表达是幼儿思维外化的一种重要形式。在培养幼儿语言表达能力的过程中，教师除了需要从语言要素、社会要素和情感要素入手外，还可以从思维角度进行突破，即让幼儿形成科学合理的表达思维，增强幼儿表达的说服力、感染力，从而最大限度地提升幼儿语言教学效益。

1.常见的表达思维及举例

（1）发散思维。发散思维的本质是一种求异性思维，由一个点联想到更多与之相关的点。在日常的幼儿口语教学过程中，教师运用绘本教学的方式能够培养幼儿的发散思维，让他们结合绘本内容中的某个点进行思维的扩散以及多方位的表达，最终达到增强幼儿表达发散性的目的。

（2）类比思维。本书中的类比思维是对数学术语思维的外延。简而言之，类比思维，以此事物的特性为依据联想到彼事物。笔者在此从两个角度论述类比思维：一是新旧知识的迁移。人们通过观察此事物联想到彼事物，注意新旧事物在某种程度上具有一定的联系，比如相似，或者相反。二是对已有思维方式的梳理，即人们通过观察眼前的事物，联想储存在头脑中的其他事物，并有意识地将眼前事物与头脑事物进行连接，实现对旧有知识的优化。这给幼儿教师在口语教学中的启示是：教师在实际的教学过程中，可以绘本为载体开展类比性思维训练，让幼儿在实践、表达中逐渐形成类比性思维。

（3）形象思维。形象思维可以概括为比喻，即人们在把握现有对象特点的基础上，进行相应内容的联想，即通过以其他事物再次说明原事物的方式表达个人看法的思维。联想思维的核心是把握不同事物之间的共性内容。联想思维具有如下三个特点：首先，想象性。在联想的过程中，人们在了解原有事物特点的同时，更需要在此基础上进行深层次的思维，联想出与原事物相关又优于原事物的新事物，这体现出联想思维具有创造性的特性。其次，粗略性。联想思维的粗略性主要体现在反映的粗线条性、把握的大体性以及分析的定量性上，即人们从宏观的方面进行反映。最后，非逻辑性。形象思维的非逻辑性主要体现在对材料加工的非逻辑性上，即具有一定的偶然性。

在进行绘本化的语言活动时，教师可以从锻炼学生的形象思维入手，让幼儿在实际的语言学习过程中可以由此及彼，促进幼儿思维迁移能力的提升，让他们真正以绘本为踏板进行相应内容的学习和表达，最终达到提升幼儿综合语言表达能力的目的。

2.运用绘本优化幼儿语言表达思维的路径

（1）在绘本中培养幼儿表达发散思维的途径。在进行绘本教学的过程中，教师可以树立创新思维，从不同角度入手开展多样性的语言教学活动，让幼儿从教学活动中的一个事物联想到更多的事物，并进行发散性的表达，从而促进幼儿发散性表达思维的形成。

以与水相关的绘本为例，教师在进行此部分内容的教学中，除了要结合绘本普及水的三种形态外，还可以让幼儿根据水的三种形态，联想相应的生活物品，并鼓励幼儿进行多角度表达，以培养幼儿发散性表达思维。比如，有些幼儿可以根据水的形态，联想到茶、雪碧等，并结合个人的喜好和表达习惯组成相应的句子，从而达到培养幼儿表达发散思维的目的。

（2）在绘本中培养幼儿表达类比思维的途径。幼儿教师在开展绘本式的语言教学过程中，可以引入具有启发性的故事，让幼儿在阅读绘本的过程中逐渐形成科学的思维方式，并将这种思维方式运用在生活中，让他们懂得举一反三，促进幼儿类比思维的形成。

以绘本式的《鲁滨孙漂流记》为例，在进行此部分内容的阅读过程中，教师着重让幼儿仔细阅读绘本，并加深对涉及"一分为二"绘本内容的阅读。与此同时，教师让幼儿联想生活中运用"一分为二"的思维场景，培养幼儿的类比思维，让他们将思考的结果以语言的形式表达。在此，教师简要介绍了两位幼儿的思考成果。幼儿一说："一分为二思维可以运用在生活中，比如，在面临一些问题时，我们可以将这些问题分类，将其划分成简单的部分、较有难度的部分，然后先解决简单的部分。"幼儿二说："我们可以将这种思维运用在事物的认知上。我们需要一分为二地看待事物，既要认识它的优势，也要了解它的不足。"总之，通过绘本的方式，教师鼓励幼儿积极交流，锻炼他们的类比思维，促进幼儿表达能力的提升。

（3）在绘本中培养幼儿表达联想思维的途径。为了培养幼儿的联想思维，教师可以引入科学实验绘本，充分调动幼儿的多种感官进行多角度的联想，促进最终问题的解决，从而锻炼他们的联想思维，让他们结合实验的状况进行针对性表达，以此促进幼儿综合表达能力的提升。具体言之，教师可着重从如下几点入手：

一是选择手工绘本。在选择绘本的过程中，教师注重从幼儿的生活入手，选择最为接近幼儿认知的绘本。与此同时，教师注重引入手工性强的绘本，让幼儿在阅读这些绘本后，结合绘本的问题进行联想、想象完成相应的实践问题，增强幼儿的联想能力，促进幼儿联想表达思维的形成。

二是开展绘本教学。教师注重从如下两个步骤开展绘本教学。第一，进行绘本阅读。在绘本阅读的过程中，教师注重为幼儿提供充足的阅读空间，并通过交流的方式，让幼儿掌握绘本中手工制作的方法。与此同时，教师教授幼儿真正进行手工表达的语言技巧，即让幼儿运用"第一""第二""第三"进行表达。第二，开展手工制作。如在手工制作的过程中，教师可设置如下问题：请结合绘本中瓶子的形状，制作与瓶子形状最为接近的生活物品。为了让幼儿的联想更具有方向性，教师可运用多媒体展示生活中常见的与瓶子接近的生活物品。第三，交流作品想法。在大部分幼儿手工艺品制作结束后，教师鼓励幼儿从个人的制作思路和步骤两个角度介绍，引导幼儿运用"第一""第二""第三"进行论述。在此，展示一位幼儿的思路。该幼儿说："第一，我介绍手工作品的制作思路。我看到瓶子，联想到笔筒，有了做笔筒的想法。第二，我介绍制作笔筒的整个过程。首先，我用剪刀将瓶子的上半部分减掉，留下下半部分备用。其次，我用剪刀剪去瓶子下半部分的棱角，并用胶带粘住锋利的部分。最后，我将喜爱的卡通人物贴到这个瓶子上，这就是我制作的笔筒。"

总之，教师引入手工制作绘本，并让幼儿结合具体的手工制作步骤进行联想、实践，让他们在手工制作的过程中获得思维能力的提升，并将这种思维运用在语言表达中，以促进幼儿语言表达的规范性和发散性，从而提升整体的语言活动教学质量。

二、绘本阅读活动对教师的影响

（一）整体：以课堂教学为基点进行论述

1. 课前：审慎选择、解读绘本，明确口语教学方向

（1）审慎选择绘本，增强语言教学活动开展的实效性

①绘本在语言教学方面的新思考。随着绘本市场的不断完善，各种优质的绘本内容层出不穷。有些绘本内容虽然质量较高、内容新颖，但并不适用于课堂教学，这也给幼儿教师的绘本教学活动开展带来了新的困难。如何有效选择合适的绘本开展幼儿语言教学活动成为幼儿教师主要思考的问题，这也需要幼儿在利用绘本开展语言教学的过程中设定新的思考和方向。对此，笔者结合个人多年的语言教学经验和幼儿的生长特点提出新的思考方向，如图 3-4 所示。

图 3-4 新的思考方向

思考点一，幼儿的注意力。在选择绘本时，教师需要了解不同年龄阶段幼儿的注意力状况，并以此作为绘本选择的重要依据，比如，年龄在三四岁之间的幼儿的平均注意力时间为 10 分钟；年龄在 4～6 岁的幼儿的平均注意力为 15 分钟。对此，在绘本选择的过程中，教师

尝试从影响幼儿注意力的角度入手，进行相应绘本的选择，以实现绘本语言教学效益的最大化。

思考点二，幼儿的记忆力。除了考虑幼儿的注意力外，教师还要考虑幼儿的记忆力，即结合不同年龄阶段幼儿的记忆力特点，引入相应的绘本。不同年龄阶段幼儿的记忆力特点为：对于三四岁的幼儿而言，这部分幼儿并不具备较强的记忆能力。为此，教师在选择绘本开展语言教学的过程中，需要考虑到此特点，并着重选择图片比重较大、图片内容具有趣味性的绘本。针对5岁左右的幼儿，此部分幼儿的记忆力相对于三四岁的幼儿具有明显提升，甚至有些幼儿可以记住物品的细节。针对这种状况，教师在选择绘本时，可以适当选择需要记忆力的绘本，以此充分挖掘幼儿的记忆潜能。

思考点三，绘本口语教学价值。在进行绘本化的口语教学过程中，教师需要立足不同的口语教学目标，引入不同类型的绘本，从而达到提升幼儿口语表达能力的目的。具体言之，为了提升幼儿的听力，教师可以选择有声绘本，让幼儿通过点读笔完成相应的听力绘本阅读，促进他们综合听力水平的提升。为了提高幼儿的口语交际能力，教师可以选择电子绘本教学，并争取家长的帮助，即开展亲子化的绘本阅读，让幼儿在家长的帮助下，通过与动画人物进行口语对话的方式，获得口语交际能力的提升。为了提高幼儿的综合表达能力，幼儿教师可以结合本校实际以及幼儿的家庭状况，适时地订阅电子绘本，让幼儿直接打开相应的绘本软件即可选择不同的绘本阅读模式，比如互动故事、故事音频、宝宝会读等模式，从而在激发幼儿阅读热情的同时，实现全面性、综合性的教育，即美育教育、思维教育、科学教育等，促进幼儿的全面发展。

②选择绘本开展语言教学新标准。其一，宽泛性的题材满足口语多元化新需求。在绘本选择过程中，教师需要遵循"三贴近"原则：一要贴近不同年龄阶段幼儿的身心特点；二要贴近幼儿的兴趣；三要

贴近幼儿的生活，真正提升幼儿参与绘本式语言活动的热情。与此同时，在实际的题材选择上，教师除了落实"三贴近"原则外，更为注重拓展绘本题材内容的多元性，即引入不同类型的绘本内容，比如艺术类绘本、生物类绘本、益智类绘本、阅读类绘本、机械类绘本等，以满足幼儿不同的阅读需求。

其二，新奇易懂的题材培养幼儿表达自信心。在选择绘本的过程中，教师需要关注绘本内容的新奇性和易懂性。在新奇性方面，幼儿教师在开展绘本化的语言教学过程中需要选择情节曲折、画面具有趣味性的绘本，以调动幼儿的好奇心，让他们积极融入绘本阅读中主动进行表达。在易懂性方面，教师在选择绘本时，需要考虑幼儿的实际认知水平，选择图片精简、文字易懂的绘本，降低幼儿在阅读中的坡度，一方面让他们在深入解读绘本的过程中感受故事的趣味，另一方面使他们在分享阅读内容的过程中逐步获得自信。

其三，简练性的绘本题材激发幼儿表达热情。在选择绘本的过程中，教师需要选择简练性的绘本题材。本书中的简练性着重从绘本的文字入手进行介绍。首先，多韵律字，少生僻字。在绘本选择过程中，教师需要关注绘本中的文字，一方面要减少生僻字，降低幼儿的阅读坡度；另一方面用等韵律字，让幼儿在阅读的过程中感受文字带来的独有魅力。其次，句式简洁，内容合理。幼儿教师在绘本选择的过程中既要选择文字中句式简洁的绘本，让幼儿在阅读绘本的过程中可以一目了然，又需要考虑文字内容的合理性，让幼儿在阅读绘本的过程中形成科学的逻辑。总之，在进行绘本题材的选择过程中，笔者着重从文字的角度进行论述，旨在运用最为简练的语言调动幼儿的绘本学习兴趣，让他们在绘本阅读的过程中积累词汇，形成科学的语言表达逻辑，促进幼儿综合语言表达能力的提升。

其四，正向性绘本材料发挥语言教学启智性。在绘本材料的选择过程中，教师需要选择具有正向性的材料，即从价值观角度入手选择相应的主题，比如体现正能量的友情、亲情方面的绘本内容，让幼儿在阅读绘本的过程中受到心灵的启迪，辅助幼儿塑造完善的人格，真正发挥绘本在语言教学中的启智性作用。更为重要的是，教师不仅要让幼儿理解绘本中的内容，还要让他们表达绘本中的深刻内涵，即在表达的过程中加深对绘本中精神内涵的理解，使幼儿将这种正确的理解运用到日常的生活和学习中，落实教学知行合一的教学理念。

（2）深入解读绘本，明确语言教学活动开展的方向性

本书阐述的深入解读绘本主要包括如下四个部分。

①明确教学目标。在绘本教学过程中，教师首先需要明确教学目标，比如锻炼幼儿的听说能力，抑或是增强幼儿的读写能力，在明确目标的作用下，可以进行绘本的选择和口语活动教学的设计。

②设置绘本化的口语教学活动。在进行口语化教学活动的过程中，教师应着重从幼儿的年龄特点出发，即结合幼儿的思维特点和思维方式，还要从具体的绘本选择入手，比如合理选择具有方向性的绘本，实现绘本、教学设计和幼儿年龄特点三者之间的有效融合，从而真正推动绘本语言教学活动的顺利开展。

③注重语言教学的指导性。在绘本语言教学的过程中，教师需要在认识幼儿认知特点的前提下，灵活预判幼儿可能出现的语言问题，并结合他们可能出现的问题制定针对性策略，真正落实相机性的指导，让整个绘本语言教学更具有预见性。

④巧用最近性认知理论。在幼儿教学过程中，教师应注重从幼儿的天性入手，并充分结合幼儿的认知规律，设置相应的绘本化语言教学活动，真正引导幼儿运用个人已有的认知进行相应绘本的阅读，并结合个人的思维习惯进行针对性的口语表达，使他们在此过程中逐渐养成具有个人特性的表达习惯，从而促进幼儿综合语言表达能力的提升。

⑤结合幼儿的天性。在开展语言教学活动的过程中，幼儿是教学

的主体。教师在进行教学活动的设计过程中，需要充分考虑幼儿的特点。具体言之，在进行幼儿语言教学活动开展的过程中，教师应着重运用幼儿具有较强感性思维的优势，并通过运用各种手段将抽象的绘本知识以形象化的方式进行表达，充分调动幼儿的听觉和视觉，让他们更为立体地接受相应的信息，并将这些信息按照个人的理解进行针对性表达，从而充分锻炼幼儿的信息整理、概括能力，促进综合语言表达能力的提升。

总而言之，幼儿教师在进行绘本解读的过程中，需要以目标为导向，以幼儿为教学设计的依据，以指导性为语言教学的重要辅助，以最近发展区域理论为语言教学的着力点，设置相应的语言教学活动，从而最大限度地提升整体的语言教学水平。

2.课中：审时灵活，实现绘本式口语教学效益最大化

在进行绘本式口语教学过程中，教师需要结合不同的教学目标和主体，灵活运用相应的绘本教学方法，让幼儿在享受绘本学习乐趣的同时，使他们积极地表达相应的绘本内容，真正锻炼他们的表达思维，使他们逐渐形成个人独有的语言表达方式，从而实现绘本式口语教学效益的最大化。在具体的绘本式口语教学过程中，教师可着重从如下几点落实口语教学。

（1）理论式。本部分中的理论式教学法是指幼儿在开展绘本式口语教学过程中需要基于某种理论，即在此种理论的指导下开展绘本式口语教学，旨在实现口语教学效益最大化的目的。笔者重点介绍如下几种理论教学方法。

①整体式。本书中的整体式理论是指整体式语言教学法。此种教学法的特点是，在语言教学过程中，把语言教学活动看成一个整体，即采用整体到部分、再由部分到整体的语言教学方式。在将整体式教学理论运用在绘本式语言教学时，需要注意如下几个问题：

一是幼儿兴趣的激发。教师在阅读活动开始前需要调动幼儿的阅

读兴趣，从而为后期的积极发言提供前置条件。

二是贴近生活性。在运用此种理论开展绘本式语言教学的过程中，教师需要贴近幼儿的生活，即注重引入幼儿生活的绘本内容，并让幼儿使用个人的生活体验解读绘本内容，从而在增强幼儿绘本了解能力的同时，让他们对个人的生活有更深的认知，使幼儿说出真心话，提升幼儿语言表达的感染力。

三是表达的自主性。为了凸显此种教学理论的优势，在进行绘本式语言教学过程中，教师可以充分给予幼儿表达的自主权，并让他们遵循相应的表达规则，比如一方面让幼儿在表达的过程中按照一定的顺序，另一方面让幼儿在他人发言结束后再进行发言。与此同时，教师还可以让幼儿选择自己喜欢的方式进行针对性发言。

在上述内容阐述结束后，笔者重点介绍了此种理论在开展幼儿绘本教学中的具体运用，并着重从如图3-5所示的三个步骤入手，进行实操化借鉴。

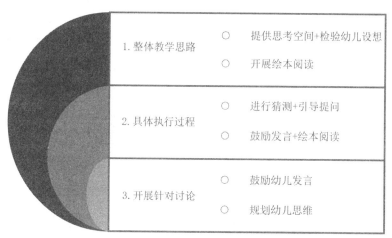

图3-5 实操化借鉴步骤

步骤一：整体教学思路。笔者在此简要介绍了此种教学活动的整体思路。首先，为幼儿提供充足的思考空间。教师可以让幼儿根据绘本题目以及具体的某一小节题目或具体的故事开头进行后续情节的推断。其次，检验幼儿的设想。在幼儿对后续情节有了基本判断后，教师可以让幼儿运用个人的经验和知识储备合理解释后续情节的判断。值得注意的是，以上两个步骤更为注重锻炼幼儿的想象力思维和逻辑推理思维，从而让幼儿的表达更具有发散性和科学性。最后，开展绘本阅读。在实际的绘本阅读过程中，教师可以录音的方式记录每一个幼儿对绘本内容的设想以及对应的判断依据，让他们在后续的绘本阅读中进行一一验证，并辅助幼儿进行相应答案的分析，从而真正促进幼儿思维的完善，使他们的语言表达更具有针对性和科学性。

步骤二：具体执行过程。笔者着重从如下几方面进行执行过程的论述。一是进行猜测。在具体的猜测过程中，教师可以让幼儿从绘本封面入手进行相应的猜测，比如让他们观察封面图片的内容，猜测可能出现的故事以及相应的故事情节。与此同时，教师还应鼓励幼儿积极表达，并以录音的方式记录每一位幼儿的猜测。

二是进行引导性提问。在进行引导性提问的过程中，教师需要注意以下几点：首先，提问的问题数量。教师在进行提问的过程中应注重问题的精简性，即突出问题的侧重点。其次，问题的内容。在问题的内容设置中，教师一方面需要实现问题与后续内容的衔接，让幼儿以问题为导向进行后续情节的合理猜测，另一方面应该建立问题与幼儿认知的连接，即让幼儿可以运用自身的生活经验和常识去理解问题，解读文本，回答问题，从而促进幼儿完成绘本故事情节的猜测。

三是鼓励幼儿大胆发言。在幼儿完成相应的猜测后，教师可以构建交流性的空间，鼓励幼儿之间进行积极发言，从而在增强幼儿表达能力的同时，让幼儿从他人的角度思考问题，使得幼儿的表达思维更加完善。与此同时，教师可以结合幼儿的发言进行引导，使他们的猜测更为接近故事情节的发展。

四是开始进行绘本阅读。在进行绘本阅读的过程中，教师一方面让幼儿聆听个人的录音，另一方面鼓励幼儿分析个人想法与绘本情节之间的差异，辅助他们寻找存在问题的原因。

步骤三，进行针对性讨论。教师可以让幼儿发表阅读中存在的问题，并结合每一位幼儿的提出的问题进行引导，让幼儿不仅可以掌握其中的故事情节，还可以让他们的阅读思维更为合理，也让幼儿的表达更具有逻辑性，以此促进幼儿综合表达能力的提升。

总而言之，在开展整体语言教学法的运用中，教师需要为幼儿提供充足的想象空间，并让他们结合相应的内容，完成个人的想象。与此同时，教师还让幼儿借助教师的引导，更为合理地想象并深入研究阅读内容，分析其中的故事情节与个人思维的差异之处，并进行针对性指导，从而让幼儿的表达更具有逻辑性和说服力，促进他们口语表达能力的提升。

②沉浸式。其一，沉浸式教学法的定义。笔者认为的沉浸式教学法是指幼儿教师在进行绘本教学的过程中，注重运用多种信息技术营造绘本中的场景，让幼儿融入其中，降低他们的绘本学习坡度。同时教师鼓励幼儿结合对绘本内容的理解，回答相应的问题，最终达到提升幼儿语言表达能力的目的。

其二，沉浸式教学法的特点。本书中的沉浸式教学法的特点主要包括三个方面：一是环境的营造。在进行沉浸式教学法的运用过程中，教师可以使用多种方式进行沉浸式教学法的营造，让幼儿充分运用多种感官融入相应的场景中。二是教学趣味性。在沉浸式教学法的应用过程中，教师可以增强绘本讲解的趣味性，比如设置游戏式的场景，或是角色扮演式的场景等，让幼儿参与其中，以绘本内容为基点进行针对性表达，促进他们综合表达能力的提升。三是教学的指导性。在运用此种方法进行绘本式语言教学的过程中，教师需要处理好教师指导与学生自学之间的关系，既要让幼儿自主思考，获得独立解决绘本问题的成就感，激发他们的表达热情，又要结合幼儿在表达中遇到的问题进行针对性指导，使他们在教师的指引下掌握阅读的基本方法，为后续更为深入地进行阅读以及全面化的表达提供必要的知识基础，从而促进他们表达能力的提升。

其三，沉浸式教学法的应用。为了提高幼儿的绘本解读能力，让他们以绘本内容为载体进行更为多元的交流，教师采用沉浸式教学模式，并注重为他们搭建交流性的平台，使幼儿在发表个人看法的过程中获得综合表达能力的提升。在此种教学理论的运用过程中，教师着重从如下几点入手。

首先，讲解绘本内容。笔者主要讲解的是学会管自己幼儿版——歪歪兔自控力教育系列绘本，并着重讲解《拉拉鼠的树叶画》这篇内容，重点营造主人公所在的场景，从而真正让幼儿从主人公的角度思考问题，使他们真正意识到专注力管理的重要性。

其次，营造绘本场景。在营造绘本场景前，教师着重让幼儿阅读绘本，从而为后续的绘本情形融入奠定基本的认知基础。与此同时，教师使用多媒体布置相应的场景，尤其是主人公在手工课上的场景。在此之后，为了让幼儿融入设置的场景中，教师着重引入角色扮演模式，即让幼儿结合个人的喜好进行角色扮演，使他们一方面受到多媒体的影响，另一方面融入个人扮演的角色中，进一步投入到教师营造的场景中，加深对内容的理解。

最后，开展感受交流。在幼儿角色扮演结束后，教师可以为幼儿提供充足的交流空间，让他们运用个人的思维，并结合个人的生活、学习经验，进行针对性交流，在激发幼儿表达热情的同时，使他们在交流的过程中借鉴他人的思维，从而使幼儿的思维更具有全面性，表达更具有立体性和说服力。

（2）手段式

①情感教育。其一，在绘本中开展情感教育的目的。笔者将在绘本中开展情感教育的目的分为如下三个部分：第一部分，滋润幼儿的心灵。通过绘本阅读，幼儿可以站在不同主人公的立场感受人性的光

辉，比如人性中的"真善美"，体会父母亲情、同学友情以及师生友爱等，真正让这些爱滋润幼儿的心灵，促进他们心理的健康成长。第二部分，形成健康的情感。幼儿通过阅读绘本可以深入感受、认识主人公的各种品质，比如勇敢、诚信、善良等，并将这些优秀的品质落实到生活、学习中，从而从中获益，促进健康情感的养成。第三部分，促进情感的交流。在进行绘本阅读的过程中，幼儿可以掌握各种情感的表达方式，比如身体姿态表情、语言声调表情和面部表情等，并结合实际的生活场景，综合运用上述表情，以达到合理传达情感的目的。

其二，在绘本中开展情感教育的方法。为了让幼儿更为深入地理解绘本中的情感，教师可以借鉴如下教学方法。

一是经验迁移法。因为幼儿已经拥有一定的生活经历，所以在绘本教学过程中，教师可以引入与幼儿生活经历相关的绘本，让幼儿运用个人的生活经历体会绘本中蕴含的情感。比如，在讲授关于亲情类的绘本时，教师可以让幼儿联想生活中与父母之间的点点滴滴，并运用个人的生活体会进行细节论述，真正让幼儿在语言表达的过程中言之有据，增强幼儿的表达感染力，促进幼儿良好情感的形成。

二是音乐导入法。在进行情感类绘本阅读的过程中，教师可以采用音乐导入法，即引入幼儿熟知的音乐，唤醒他们内心的情感，设置情感前置条件，让幼儿运用这种情感解决绘本内容，尤其是绘本中作者的情感，从而提升幼儿的绘本解读能力。同时教师可以让幼儿通过绘画的方式表达个人的看法，并运用个人的语言展示绘画的思路，既让幼儿解读绘本情感，又使幼儿表达这种情感，从而在促使幼儿正确情感形成的同时，提升他们的综合表达能力。

②思维导图。其一，思维导图的运用背景。在开展语言活动的过程中，笔者常常发现如下状况：在绘本式语言教学活动开展的过程中，大部分教师虽然十分用心地授课，但是整体语言教学效果不佳；有些教师在教学过程中虽然课堂教学效果非常好，但是过一段时间后，幼

儿语言表达水平又会降回原来的样子。针对这种状况，笔者注重引入思维导图的方式，即采用绘本式的表达模式，让幼儿在进行语言表达思维的梳理时，使他们对于语言知识形成感性的认知，促进他们综合表达水平的提升。

其二，思维导图运用在绘本式语言教学中的意义。语言表达方式即为逻辑思维的展现形式。在进行口语教学的过程中，笔者注重从锻炼幼儿的思维能力入手进行语言的训练，旨在让他们通过此种方式掌握更多的思维方式，借助这种思维方式进行更多角度的表达，从而促进幼儿口语表达水平的提升。具体言之，在运用思维导图培养幼儿语言表达能力的过程中，教师注重从如图 3-6 所示的三个思维方式入手。

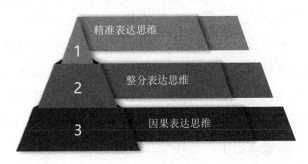

图 3-6　三个思维方式

首先，精准表达思维的训练。在将思维导图运用在绘本式语言教学的过程中，教师应着重锻炼幼儿准确描述的能力，比如准确描述主人公的性格、事物的特点等。思维导图可以很好地与语言教学的特性进行融合，即通过此种方式，教师可以与幼儿进行互动，并引导幼儿找准对事物精准描述的关键词，以达到锻炼幼儿精准搜集词汇能力的目的，使幼儿在未来的口语表达中可以简明扼要地阐述个人的想法，促进他们综合表达能力的提升。

其次，整分表达思维的训练。众所周知，在绘本编排的过程中，有些作者常常采用"总—分—总"式的思维模式表达个人的观点，这种表达思维方式对于幼儿语言结构的形成大有裨益。在绘本式语言教学的过程中，教师可以着重选择具有此种思维方式的绘本，并在教学过程中向幼儿渗透这种思维，使他们在语言表达过程中，既可以从"总"的角度简明阐述个人的观点，又能够从"分"的角度论证个人的想法，并再次从"总"的角度深化个人的观点，让幼儿的表达更具有逻辑性和说服力，从而促进他们综合表达能力的提升。值得注意的是，笔者着重以这种教学思维为落脚点，开展日常的口语活动训练，旨在让幼儿在早期阶段就形成这种思维架构。

最后，因果表达思维的训练。在进行口语活动的教学过程中，笔者经常发现部分幼儿在语言表达过程中常常出现前后矛盾的状况。出现这种现象的原因在于：教师在幼儿教学过程中忽视培养幼儿的因果思维。针对这种状况，教师在实际的绘本式语言教学过程中，可以从培养幼儿的因果思维入手，并在此过程中，注重让幼儿进行表达，使他们在表达的过程中完成思维的梳理和纠正，真正锻炼幼儿的表达思维逻辑性。同时教师运用思维导图的方式，即运用交互式白板授课，快速记录幼儿的表达思维，梳理幼儿的表达思维结构，并在此基础上，进行针对性完善，真正在理解幼儿表达观点的基础上，针对每一位幼儿在表达中存在的问题进行针对性纠正，使他们的表达思维方式更具有因果性，从而提高幼儿的综合表达水平。

其三，思维导图运用在绘本式语言教学的方法。在实际的思维导图运用在绘本式语言教学的过程中，笔者简要举例，并注重从关键词的搜索、排序以及幼儿运用思维导图进行表达三个角度入手，进行语言教学的开展，使幼儿真正在此过程中掌握必备的语言表达技巧，促进整体语言教学效益的最大化。

（3）自身式。本书的自身式主要是指教师通过对绘本进行解构的方式，让幼儿掌握绘本的整体行文脉络。在此之后，教师一方面可以让幼儿以绘本内容为载体进行合理想象，成为绘本内容的创作者；另一方面能够让幼儿结合个人创作的绘本，或是以实际的绘本内容为依据进行相应的角色扮演，使其真正深入地理解绘本中的内容，让幼儿成为绘本内容的践行者，促进幼儿文本表达能力的提升。具体言之，笔者着重从如下几点进行论述：

①对绘本进行解构，让幼儿成为绘本的欣赏者。在绘本教学过程中，教师可以让幼儿从创作者的角度思考相应的绘本问题，即让幼儿摆脱"是什么"式的阅读方式，而是从"为什么"式的角度思考绘本编制的整个行文架构，使他们真正站在更高的维度完成对绘本内容的欣赏，并在欣赏的过程中，从更为多元的角度进行相应问题的思考与表达，即在潜移默化中锻炼幼儿的思维，让其科学地进行相应内容的表达，最终达到提升幼儿综合表达能力的目的。在具体教学实施方面，教师可着重从如下角度切入。

②对绘本进行联想，让幼儿成为绘本的创作者。其中，独立思考能力是一个人走向成熟的重要标志之一。在幼儿教学过程中，教师需要有意识地培养幼儿的独立思考能力，为他们提供独立的思考空间，充分激活幼儿头脑中的思维，使他们形成个人独有的思维习惯，从而促进幼儿独立思考能力的提升。为了达到这种目的，教师可以引入绘本，即让幼儿以绘本内容为载体进行独立思考和合理想象，完成相应的绘本制作，成为绘本的创作者。具体言之，教师可以从如下两个角度进行切入：

一是在开头进行切入。绘本题目是作者心灵的"眼睛"。在进行绘本教学过程中，教师应转变原有的"学绘本"思维，而是应从"用绘本"思维进行思考，以充分锻炼幼儿的想象能力，尤其是合理进行想象的能力。在实际的语言教学活动开展的过程中，教师需要注意四点要素，如图 3-7 所示。

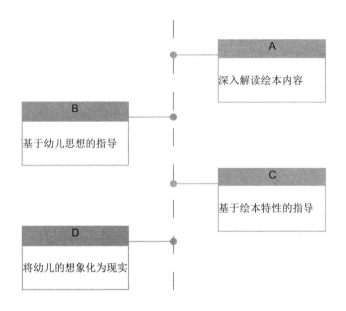

图 3-7　开头切入注意要素

第一点，深入解读绘本内容。在深入研究绘本内容的基础上，需要从同类绘本的角度进行思考，以实现个人思维的完善，真正落实"想给幼儿一杯水，自己需要准备一桶水"的教学原则。

第二点，基于幼儿思想的指导。在开展绘本式语言教学活动的过程中，教师需要做到"知己知彼"，在了解幼儿思想的基础上进行针对性指导，既要肯定幼儿思维的合理部分，又要适时地对他们的思维进行针对性指导，从而让幼儿的思维更具科学性，并将这种科学性的思维运用在绘本的联想、表达中，在提升幼儿思维合理性的同时，增强幼儿的口语表达能力。

第三点，基于绘本特性的指导。万事万物有其特有的规律。在进行绘本或语言教学的过程中，教师需要结合绘本的特性，尤其要深入研究绘本创作思维与幼儿思维发展规律的结合点，并以幼儿能够接受的方式进行相应信息的传达，真正让幼儿在教师的指导下掌握基本的绘本创作规律，为后续的绘本创作提供必要的指导。

　　第四点，将幼儿的想象化为现实。实践是检验真理的唯一标准，更是考验人实际本领的试金石。在进行绘本式语言教学活动的过程中，教师一方面要为幼儿提供充足的思考、交流空间，另一方面要鼓励幼儿将个人的思维转化为展示个人想法的故事，尤其让幼儿可以逻辑性地表达个人的看法，真正将他们打造成为绘本的创作者。在具体实践过程中，教师需要遵循"收放自如"的原则，既要让幼儿更为全面地表达个人看法，做到"放"，又要根据幼儿在全面性表达中存在的问题进行针对性指导，做到"收"，从而让幼儿更为科学和全面地表达个人的看法。

　　③对绘本进行实践，让幼儿成为绘本的践行者。通过对绘本的欣赏，教师可以让幼儿从绘本创作者的角度积累更多的创作思维，为后期的内容创作积累经验。通过对绘本的联想，教师可以促使幼儿完成绘本创作的整个过程，在让他们享受绘本创作成就感的同时，促进他们思维的完善，从而更为科学地进行相应的表达。在完成上述内容后，教师可以让幼儿真正将所写的绘本知识进行实践，尤其是让幼儿将具有哲思性的绘本内容进行实践，真正完成绘本从想象到落地的整个过程，让幼儿成为绘本的践行者。在具体执行方面，幼儿教师可以从如下几点切入：

　　第一点，内容的完整性。在进行绘本内容的实践过程中，教师需要注重绘本内容的完整性，一方面要保证故事情节的完整，另一方面要保证逻辑思维的完整，从而真正在绘本的内容展现中做到"有首有尾"。

　　第二点，绘本的可执行性。幼儿教师在绘本实践的过程中，需要选择具有执行性的绘本。在具体绘本的选择上，教师需要从如下几点切入：首先，接近幼儿的生活。为了让幼儿更为完整和准确地理解绘本内容，教师需要选择贴近幼儿生活的绘本。其次，具有可操作性。在绘本选择的过程中，教师需要注重绘本内容的可操作性，让幼儿真正参与到绘本主人公角色的演绎中，体会主人公的心理，感受主人公的优秀品格，在实践的过程中实现育人的效果。

第三点，绘本的价值性。幼儿教师在进行绘本实践的过程中，需要考虑绘本的价值性，一方面要让幼儿获得精神的启发，另一方面要提高幼儿的表达能力，此外还要真正让幼儿将这些具有价值性的观点落实到行动中，真正落实教育教学中的"知行合一"。

总而言之，为了让幼儿成为绘本内容的践行者，教师需要考虑上述内容，并结合个人实际，从其他的角度切入，真正让幼儿在践行绘本内容的过程中，获得精神的启迪和综合语言表达能力的提升。

3.课后：多元反思，促进绘本式口语教学优化升级

（1）具象反思。在进行绘本式口语教学过程中，教师需要培养个人"见微知著"的思维，即通过立足某一堂课程，发现个人在教学过程中存在的突出问题，并进行针对性改正，以促进个人语言教学能力的提升。

本书中的具象反思主要从总体教学方案入手，分为教学目标、执行方案和结果预判三方面。在教学目标设定上，教师需要改变原有的"立竿见影"式思维，在认知幼儿表达水平实际的基础上，设定科学的绘本式口语教学目标，并着重将目标进行解构，将大目标划分成小目标，通过一步步实现个人小目标的方式，促进教学大目标的实现。这种目标层次的制定可以辅助幼儿教师树立教学自信，让幼儿在实际的口语表达中看到个人的点滴进步。在执行方案的制订中，教师一方面要着眼幼儿的思维特点，另一方面要结合上一部分的教学目标，分析各个教学方式的组合状况，从而达到整体绘本式语言教学的最优解。

此外，在进行结果预判方面，教师需要综合分析各个因素，并提前进行教学结果的预判，制定相应的应对策略，实现幼儿教学的预见性。同时，教师需要树立灵活性思维，着重从具体幼儿问题入手，灵活处理各种预见之外的问题，实现教学流程的顺利开展，促进幼儿绘

本式口语教学质量的提升。

　　总而言之，通过具象反思的方式，教师可以立足某一节语言活动课堂进行针对性的分析，发现在此过程中存在的问题，并以旧教学问题为导向进行语言教学方式的调整，在不断纠正个人语言教学错误的基础上，获得综合教学能力的提升，进而为提高幼儿的语言表达能力提供前置条件。

　　（2）横向反思。在进行横向反思的过程中，幼儿教师可以从主体性的动态反思和课件性的静态反思两个方面入手。

　　在主体性动态反思方面，教师可以从如下角度切入。

　　一是本校其他教师。因为本校教师教授的内容大致相同，对本校的学风有更为深入的理解，所以幼儿教师可与本校教师相互学习直接指出个人在教学过程中的问题，并进行针对性改正，获得"立竿见影"的效果。

　　二是兄弟友校。幼儿教师除了借鉴本校教师的教学思维外，更应注重学习外校教师的幼儿语言教学思维方式。比如，教师可以制作教学思维导图，并让其他教师通过观看思维导图的方式进行针对性指导，真正借鉴"外脑"，获得新的语言教学思维，促进个人口语教学能力的提升。

　　三是专家讲座。幼儿教师通过参与专业的幼儿口语专家讲座，一方面可以了解幼儿语言教学的整体趋势，另一方面可以解决个人在语言教学中的固有问题和思维。

　　在课件性的静态反思方面，教师可以从如下两点切入。

　　第一点，学习本校教师语言活动课件。在进行此部分内容的学习过程中，教师可以通过思维导图的方式进行学习。首先，搜集同类课件。为了实现语言课件的有效学习，教师可以搜集同类课件，进行更具针对性的学习。其次，绘制思维导图。教师可以从两方面进行思维导图的绘制，一方面绘制个人的教学思维导图，另一方面在观看本校教师的课件中绘制他人的思维导图。最后，进行对比式的学习。教师可以从教学的各个阶段进行对比，比如课前、课中、课后，在寻找相同部分中加深对固有教学方法的认知，在寻找不同中学习更多新的教学模式，促进幼儿教授能力的提升。

第二点，学习网络上优秀语言教学课件。在学习网络上其他优秀课件的过程中，教师需要从如下角度切入：一是调整心理。教师需要认知个人的实际语言教学水平，并在此基础上，以空杯心态进行其他语言教学课件的学习。二是合理选择。在对个人教学水平已有认知的前提下，教师可以选择与个人实际教学水平相当的课件，认真对课件的内容进行解构、分析和判断，通过与个人教学思维、手段进行对比的方式，改正个人的教学错误，学习新的教学模式，促进整体幼儿语言教学能力的提升。三是进行实践。笔者认为所有学习的内容，只有真正落实到实践上才能掌握相应的知识。在实际的实践过程中，教师可以借鉴如下思维：首先，教师需要整理所学的新知识点。其次，教师需要分析具体落实的路径。再次，教师要将分析的方案落实在实际的教学中。最后，教师可以通过实践结果进行再次反思，并将反思的结果落实在实际的教学中，即通过不断的学习、反思、实践、再反思、再实践的方式，获得综合教学能力的提升。

总而言之，在横向反思的过程中，笔者着重从动态反思和静态反思两个角度入手，一方面让幼儿教师通过与教学者进行面对面交流的方式进行教学方面的反思，另一方面让幼儿教师在解读课件中，进行语言教学活动的对比以及相应的反思，从而在纠正个人语言活动教学误区的同时，学习更多的语言活动授课方法，促进幼儿教师综合语言教学能力的提升。

（3）纵向反思。在进行绘本式语言教学活动的过程中，教师需注重纵向反思，即以个人的语言教学活动为基点，以教学的阶段为时间轴，进行针对性的语言教学反思，在了解个人教学进步的同时，发现个人存在的固有问题，即在总结经验的基础上，纠正教学问题，促进个人绘本式语言教学能力的提升。具体言之，教师可以从如图 3-8 所示的几个方面入手。

反思手段：教学日志

反思内容：语言教学的目标、方式、认知、情感

反思方式：整体性反思、比较性反思、总结性反思、迁移性反思

图 3-8　纵向反思内容

其一，反思手段。在进行纵向反思的过程中，教师可以利用书写教学日志的方式进行，即通过纸笔之间的触碰，更为深入地了解个人内心的想法，并真正从主观方面探寻个人在绘本式语言教学过程中存在的不足，以此进行相应的调整，促进个人绘本式语言教学能力的提升。

其二，反思内容。在纵向反思过程中，可以根据不同的教师设置相应的反思内容，比如可以设置语言教学的目标、方式、认知、情感等，立体化地认知加深对语言教学的认知，更为全面地认识个人在语言教学中的固有优势和缺陷，完成语言教学活动的沉淀，真正发挥优势，弥补不足，促进整体教学质量的提升。

其三，反思方式。在进行综合反思的过程中，教师需要灵活认识各种反思方式，比如整体性反思、比较性反思、总结性反思、迁移性反思等，并在掌握各种反思特点的基础上，灵活结合相应的反思内容，逐步在纵向反思中树立教学的自信，认识语言教学的固化问题，并通过多种手段解决这种固化问题，促进教师综合语言活动教学能力的提升。

总而言之，在纵向反思的过程中，笔者注重从反思手段、内容、方式三个方面进行介绍，旨在让幼儿教师更为立体地看待个人在语言教学中的变化，认识个人的进步，获得语言教学的自信，发现语言教学存在的不足，并进行针对性调整，以获得良好语言教学效果。

（二）细节：以提问教学为基点进行论述

在进行绘本式语言教学的过程中，教师可以提问为基点，即通过提问的方式，积极地与幼儿进行互动，让他们想要表达、敢于表达、喜欢表达，并真正获得表达的机会，从而通过与教师进行互动的方式，获得综合表达能力的提升。具体言之，在开展绘本化语言教学的过程中，教师通过提问，一方面可以为幼儿阅读提供针对性指导，让他们掌握相应的阅读方法，并在日后的阅读过程中，积累更多的语言、逻辑思维方式等，从而为书面表达和口语表达奠定基础；另一方面可以积极与幼儿进行互动，直接指导幼儿的阅读思维、表达方式，让他们在师生互动的过程中提升综合表达能力。为此，笔者认为在绘本式语言教学过程中注重其中的提问细节是十分必要的。在实际的执行过程中，笔者着重从课前提问准备、课中提问优化和课后提问反思三个角度入手，在优化整个提问教学结构的过程中，实现"以问促学""以问促说"的教学目的。

1. 课前：准备针对化，在绘本式语言教学活动中做到"精准高效"

在课前进行绘本提问教学阶段，教师需要更为全面地了解绘本的授课内容，并结合各个条件在绘本式语言教学中所占的比重进行针对性提问，即在做好充分准备的条件下开展绘本式语言提问，从而真正在教学中做到"精准高效"，促进口语活动开展的有效性。

（1）绘本构成。封底、正文、扉页、环衬、封面是绘本中的五个重要组成部分。在进行提问的过程中，教师首先需要了解这五个部分在绘本中的重要性，并结合重要性进行针对性的绘本提问，让幼儿在了解绘本构成的基础上，使他们明确绘本阅读的方向，从而为后续表达奠定认知基础。笔者在此简要叙述五个部分的作用。

①封底。在绘本中封底的作用有两项：一是与封面呼应，或是突出主题，或是与封面构成一幅画。二是延续下一个故事。有些绘本由连续几部构成，每一部的封面是对下一部的介绍。在进行绘本式语言教学中，教师可以结合绘本封面的作用，向幼儿提问，一方面让幼儿回忆、综述整个绘本论述的内容，提高他们的语言概括能力，另一方面让幼儿对后面的绘本内容展开联想，提高幼儿的表达想象能力。

②封面。封面是人们认识绘本的"窗口"，在展示绘本创作者品位的同时，也体现了绘本内容的主体方向，即对绘本内容的高度概括。这给教师的启示是，在绘本教学的过程中，教师可以封面为提问的重要着力点，让幼儿对封面中的内容进行多角度想象与论述，从而在调动他们绘本阅读兴趣的同时，有利于实现绘本教学的顺利过渡，让幼儿迅速融入绘本阅读中，为后续多角度的交流互动以及提升他们的口语表达能力创造条件。

③扉页。扉页主要记录两个方面的内容：一是出版社和作者的相关信息。二是对故事的阅读起到暗示的作用。具体言之，大部分扉页的作用有如下几点：一是介绍主人公。教师可以通过提问的方式，让幼儿观察主人公的形象，并运用个人的语言进行表达，提高幼儿整合、表达信息的能力。二是引入故事。教师可以在提前阅读此部分内容的前提下，向幼儿提问，让他们结合扉页的内容，大胆想象后续可能出现的故事并进行积极表达，从而让幼儿的表达更具有发散性。

④环衬。环衬分为前环衬和后环衬。前环衬的作用是进行绘本故事的铺垫和导入。比如，幼儿教师可以根据环衬的颜色，判断绘本的感情色调（蓝色表示安静、温馨；红色表示愤怒、激动）；又如，环衬可以对文化背景进行暗示。比如，有些绘本在环衬部分会做出具有各民族特色的文化标识，让幼儿加深对相应文化的认知，并带着兴趣走入其中。这对教师的启示是，教师可以从环衬的作用入手对幼儿进

行提问，在调动他们热情的同时，使幼儿积极表达，为后续绘本教学活动的开展创造情感条件，从而让他们更为积极地投入到绘本学习中，为幼儿后续表达创造条件。

总而言之，在绘本式语言教学准备阶段，教师从绘本构成的角度入手进行提问，在调动幼儿绘本阅读兴趣的同时，让他们对绘本有一个大体认知，从而为后续阅读活动的开展和有效的语言交流创造前置条件。

（2）幼儿特点

①年龄特点。在年龄特点方面，教师以中班幼儿为介绍对象，分别从注意力、观察力和思维力三个角度进行论述，即结合幼儿在上述阶段的特点，进行相应绘本的论述，并进行针对性提问，从而在调动幼儿阅读兴趣的同时，为后续交流活动的开展创造条件。

其一，注意力。中班幼儿集中注意力的时间相对较短，容易被新鲜的事物所吸引，在自控力方面存在控制力较弱的状况。针对这种情景，在进行提问的过程中，幼儿教师要结合幼儿容易被新鲜事物吸引的特点，运用生动的表情和语言吸引幼儿，让他们全身心投入其中，并在回答问题的过程中，进行精准表达，从而促进后续阅读活动的顺利开展。

其二，观察力。在观察力方面，虽然幼儿具有一定的观察能力，但是他们只是注重细节，并不注重整体。针对这一特点，幼儿教师在提问的过程中，需要注重引导幼儿观察细节，并由细节向整体延伸，让他们在教师的提问中逐渐树立整体思维，使幼儿的表达更具有全面性。

其三，思维力。中班幼儿在形象思维方面占有优势，在抽象思维和语言逻辑思维方面占有劣势。针对幼儿的这种特性，教师在进行绘本式语言活动提问的过程中可以从如下两点入手：第一，巧借与绘本相关的内容进行辅助性提问。教师可以让幼儿观察绘本中的图片，并结合图片中的内容进行针对性提问，使幼儿在教师提问的过程中，获得抽象思维能力和语言表达能力的锻炼。第二，站在幼儿的思维视角进行提问。因为幼儿与教师的思维方式存在较大的差异，所以在提问的过程中，教师需要站在幼儿的思维进行提问，使幼儿更为直接地了解教师的问题，并进行精准回答，从而促进绘本式语言教学活动的顺利开展。

②认知层次。本部分中的认知层次主要是指幼儿的已有认知经验。在进行此部分内容的提问过程中，教师需要结合幼儿的已有认知经验，让幼儿自主进行知识的理解、运用，以实现有效的绘本式语言教学。在实际提问过程中，幼儿教师需要注意如下几点：第一，了解幼儿的生活经验。第二，尊重学习规律，为幼儿提供主动构建、自我生成的时间和空间。第三，尊重幼儿个体之间的差异，进行针对性的提问。

2.课中：依据立体化，在绘本式语言教学活动中做到"随机应变"

在进行绘本式语言教学活动的提问过程中，教师需要结合不同的场景灵活设置不同的提问方式，既要激发幼儿的阅读能动性，又要让他们更为积极地与教师进行互动，以实现幼儿口语教学活动开展的高效性。在本部分内容的论述中，笔者将"随机应变"中的"机"划分成教学阶段、开放问题和幼儿表现三个部分，并进行详细介绍。

（1）以教学阶段为依据。在实际绘本问题的提问过程中，教师可以将教学时期划分为两个阶段，笔者在此对两个阶段提问的标准进行介绍。

①第一阶段。此时期的幼儿刚步入绘本学习阶段，教师在设置问题时，需要注意如下几点：首先，降低问题数量和提问频率。其次，提问内容多以故事情节和人物情感变化为主。最后，在问题的设置过程中需要遵循层层递进的原则。

②第二阶段。此时期幼儿已经具备一定的绘本学习能力。在进行绘本问题设置时，教师需要注意如下两点：第一，适时加入创造性、

分析性问题。第二，设置总结概括性的问题，让幼儿可以针对具体的问题进行绘本内容的概括。

（2）以开放问题为依据。在进行提问的过程中，笔者以中高班幼儿为依据进行相应问题的设计。在具体问题的设计上，教师需要摒弃低认知水平的问题，设立具有开放性的问题，从而促进幼儿思维水平的优化升级。在具体开放性问题的设计过程中，教师可从三个角度进行提问，如图3-9所示。

图3-9 开放问题的提问角度

①从绘本内容中的留白之处提问。教师需要深入解读绘本，可以针对留白之处进行提问，激发幼儿的想象力，一方面让幼儿深入解读绘本中的内容，另一方面让幼儿在认知绘本内容的基础上，结合个人的生活经验以及原有的绘本内容进行合理想象。

②从绘本主人公的心理描述提问。为了以培养幼儿的共情能力为基点，提高他们的表达能力，教师可以从绘本中的心理活动入手进行相应的提问，即培养幼儿的换位思考能力，让他们融入绘本的人物性格和人物心理中进行合理想象，从而锻炼幼儿的思维，使他们的语言表达更具有说服力、逻辑性。

③从绘本的封面设置进行提问。为了调动幼儿的阅读好奇心，增强幼儿的思维想象力，教师可以从绘本封面入手，设置开放性问题，让幼儿立足绘本封面中的各个元素，对其进行合理的想象和表达，以促进幼儿语言表达能力的提升。

（3）以幼儿表现为依据。本部分中的幼儿表现主要是从幼儿的阅读水平以及实际课堂表现入手。在阅读水平方面，教师可以根据不同幼儿的实际阅读水平设置不同的问题。在实际课堂表现方面，教师可以结合幼儿对问题的回馈，灵活调整不同的问题，实现提问在绘本式语言教学活动的效益最大化。具体言之，有如下两方面。

①幼儿的阅读水平。在进行绘本问题提问的过程中，教师需要遵循"因人而异"的原则，即以不同阅读水平的学生为依据设置相应阅读问题，发挥绘本提问的"辐射效应"，以获得良好的绘本阅读教学效果。在实际的提问过程中，教师主要从如下角度入手：

一是针对阅读能力弱的幼儿。在对这类幼儿进行提问的过程中，教师可以提问低认知水平的问题，以激发这部分幼儿的阅读和表达自信，使他们在获得教师肯定和指导的过程中逐步摸索适合个人的阅读方法。

二是阅读能力一般的幼儿。在对这部分幼儿进行提问的过程中，教师可以提问回忆型的问题，让这部分幼儿积极地回答相应的问题，以锻炼他们的口语表达能力，使这部分幼儿带动其他两部分幼儿进行相应问题的解答，获得良好的阅读教学效果。

三是针对阅读能力强的幼儿。在对这类幼儿进行提问时，教师可以设置具有开放性的问题，一方面激发这部分幼儿的阅读潜能，另一方面让他们真正意识到个人能力的局限，积极向他人请教，从而促进这部分幼儿良好学习习惯和意识的养成。

总而言之，通过针对不同幼儿的提问方式，教师既锻炼了幼儿的表达热情，又让他们掌握了相应的阅读方法，营造了良好的阅读氛围，从而获得良好的绘本式语言活动教学效果。

②教学的实际表现。在绘本式语言活动开展的过程中，教师需要动态地看待教学问题，并结合幼儿对问题的反应灵活调整问题的设问角度，让幼儿更为直观地理解问题，做出正确的回应。具体言之，在问题回馈的过程中，教师需要准确把握提问的节奏，尤其是幼儿在思

考问题时所花费的时间以及他们的面部表情，并以此为依据调整同一问题的不同问法，真正从幼儿的角度进行提问，从而获得良好的提问效果。

3. 课后：反思全面化，在绘本式语言教学活动中做到"思故知新"

（1）集体性反思

①集体性反思的意义。通过进行集体性反思，幼儿教师可以跳出个人的思维局限，借他人之力解决个人在绘本式语言教学活动中不易发现的问题。与此同时，此种反思方式有利于教学共同体的形成，让幼儿教师集中在某一时间、地点，针对某一问题进行针对性讨论，从而在解决差异中获得新的语言教学思维方式。

②集体性反思的实施路径。在进行集体性反思路径的建设过程中，笔者着重从线上和线下两个角度入手。在线上，幼儿园可以搭建教学反思群，并在反思群中吸纳专业性教学人员，比如本校幼儿教师、兄弟友校幼儿教师、教学专业等。在此之后，幼儿园可以构建教学反思实施方案，比如针对共性化的绘本式语言教学活动开展问题进行针对性讨论，并结合群体中各个成员的意见，构建相应的实践小组，进行针对性实践，将最终的实践成果上升到理论，从而为后续的实践教学提供可操作性的理论指导。

在线下，幼儿园可以搭建教研室，集中本校优秀的幼儿教师。在实际操作过程中，幼儿园可以从如下几点入手：

首先，建立教学反思共同体。幼儿园可以挑选优秀的教师组成教学反思共同体。其次，设定反思共同体方案。幼儿园可以构建方案，从措施的制定、执行以及理论和实践的总结进行方案的制订。最后，建立考察和评估制度。幼儿园可以构建考察和评估制度，一方面对参与教师进行考核，另一方面对参与教师的实施效果进行考核，真正激发教师的参与热情，并将反思融入教学的各个方面，以促进整体幼儿教师绘本教学能力的提升。

（2）过程性反思

①过程性反思的构成。过程性反思由具体经验阶段、观察与分析阶段、重新概括阶段、积极验证阶段四个部分构成。幼儿教师在绘本式语言教学活动反思过程中，需要结合每个反思阶段的特点，进行针对性反思，不断在反思中更为立体地看待个人的问题，并寻找绘本式语言教学新的突破，以提高语言教学的新水平。

②过程性反思的实施。阶段一：具体经验阶段。在具体经验阶段，幼儿教师需要意识到个人在绘本式语言教学过程中存在的问题。为此，教师需要从不同的角度发现个人在绘本式语言教学中存在的问题，比如从教学专家、同事、教学管理者、幼儿等角度入手，发现不同的问题，并分析这些问题存在的根本原因。阶段二：观察与反思阶段。在观察与反思阶段，教师需要对个人的教学问题进行分析，尤其是解决出现这些教学问题的根本原因。教师需要搜集个人在绘本式语言教学中存在的问题，并在自我否定的过程中，不断发现教学中存在的问题，比如从个人在绘本式语言教学中的情感、态度、目的、价值观和信念入手，真正剖析上述问题存在的根本原因，并将这种原因与个人的绘本式语言教学问题进行逻辑性的联系，从而找出促使这些问题出现的根本因素。阶段三：重新概括阶段。在重新概括阶段，教师应该在绘本式语言教学根本性问题的基础上，对旧有的教学思想进行反思，并通过多种途径寻找新思想，以适应现阶段幼儿语言教学趋势的新途径，旨在从根本上解决这种问题，促进个人绘本式语言教学能力的提升。阶段四：积极验证阶段。在积极验证阶段，幼儿教师可以将新方法和新途径运用在实际的绘本式语言教学过程中，观察在教学过程中解决教学问题的情况，并再一次邀请同事、幼儿语言教学专家、教学管理者进行评价，通过发现问题的方式，解决实际的语言教学活动遇到的问题，并开始新的循环。

第三节　绘本教学活动促进语言教学开展的路径

在进行绘本教学活动促进语言教学开展的路径探索中，笔者着重从学校、教师和家长三个角度入手，深入分析《幼儿园教育指导刚要（试行）》中的内容，将其中的要求与三种重要主体进行融合，以探究出促进绘本式语言活动开展的新路径。

一、以学校环境营造为新路径

（一）增强绘本投放内容的丰富性，为提升幼儿语言表达能力创造条件

在进行增强绘本投放内容的丰富性方面，幼儿园可以从如下角度入手：首先，结合幼儿的年龄。幼儿教师可以结合幼儿的年龄进行针对性的绘本投放，即设置小班绘本投放区、中班绘本投放区和大班绘本投放区。其次，结合绘本题材。教师可以结合不同的绘本题材，购入相应的绘本，比如传统故事类绘本、神话故事类绘本、童话类绘本、语言类绘本、诗歌类绘本、散文类绘本等。再次，结合绘本的主题。教师可以从五大领域入手，进行针对性的绘本投放，包括艺术类绘本、社会类绘本、科学类绘本、语言类绘本和健康类绘本。最后，结合绘本形式。幼儿园可以引入电子类绘本，构建电子绘本数据库，实现绘本阅读的无纸化。通过从绘本的内容入手，结合幼儿的年龄、绘本的主题等，来满足不同幼儿的绘本阅读需求，促进阅读氛围的营造，从而为提升幼儿的综合语言表达能力创造条件。

（二）加大绘本式语言教学的师资投入，发挥绘本促进语言教学的作用

教师是开展绘本式语言教学的主体，其教学能力是决定语言教学的关键性因素。为此，学校需要加大对师资力量的投入，坚持"引进来，走出去"的原则，让幼儿教师"走出去"学习先进的幼儿语言教学经验，"引进来"优化本校幼儿教师的师资队伍，旨在发挥绘本促进语言教学的作用。

1.引进来

在"引进来"方面，学校可以从两个方面入手：一是招聘具备语言教学能力的高素质幼儿教师；二是邀请幼儿语言类专家来本校莅临指导、开展讲座等，以拓展本校幼儿教师的眼界，丰富他们的教学思维，促进他们综合语言教学能力的提升。除了邀请语言类专家外，学校还可以邀请其他幼儿园教师组成幼儿园语言教学共同体，以探讨有价值的语言教学问题，实现幼儿语言教学的新突破。

2.走出去

在"走出去"方面，幼儿园可以秉持"他山之石，可以攻玉"的理念，开展多种形式的拜访名家、名师、名校活动，以促进本校幼儿教师语言教学能力的提升。在拜访名师方面，幼儿园可以定期派遣优秀幼儿教师参与专业性的幼儿语言教育研讨会，与名师进行面对面的交流，学习各种先进的幼儿语言教学理念和方式。在拜访名校方面，幼儿园可以组织教师观看名校的幼儿语言教学活动，并与个人的语言教学方式和思维进行对比，学习各种新型的教学思维。

（三）构建良好的绘本阅读空间，开展分享性语言教学活动

在构建绘本阅读活动的过程中，幼儿教师可以从时间与环境两个方面进行分析。在时间设置上，幼儿园可以制定绘本阅读周、月等，让幼儿可以充分地进行绘本的阅读。在此之后，幼儿园可以构建分享性语言教学活动，让幼儿分享个人的阅读体验，以促进他们口语表达能力的提升。

二、以培养教师素质为新模式

在进行幼儿教师素质培养的过程中，幼儿园领导人需要明确幼儿教师素质的培养方向，并以此作为日后塑造高素质教师队伍的基础，真正为幼儿综合语言教学能力的提升构建高素质教师队伍。为了明确教师素质的培养方向，笔者注重从如图 3-10 所示的三个方向进行论述。

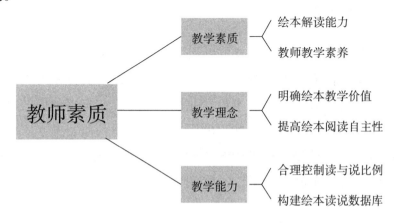

图 3-10 教师素质培养的三个方向

（一）教学素质

1.提高教师绘本解读能力

在提高教师绘本解读能力方面，教师一方面可以增强对绘本的理解和分析能力，拓宽个人的绘本阅读视野，比如拓宽绘本阅读的题材、类型等；另一方面可以提高对绘本的解读能力，如对绘本中图文内容和绘本细节的解读能力，最终达到提升个人绘本解读能力的目的。

2.提升教师的教学素养

在提升教师的教学素养方面，教师需要从三个角度入手，即设计能力、实施能力和反思能力。在教学设计能力方面，教师首先需要深入理解绘本，其次要从绘本与语言教学的融合点入手，最后开展针对性的绘本教学设计。在绘本式语言教学实施方面，教师需要注意如下三个阶段：在教学导入阶段，教师在调动幼儿阅读兴趣的同时，需要顺利进行绘本内容的导入。在授课阶段，教师一方面需要注意提问的技巧，另一方面需要根据幼儿的回馈，合理进行教学方式的调整，以增强绘本式语言教学的灵活性。在课后阶段，教师需要对实际的教学活动进行反思，既要认识教学活动开展的优势，又要进行教学问题的总结，提出针对性的语言教学活动策略，促进语言教学活动的完善，增强教师个人的教学素养。

（二）教学理念

1.明确绘本教学的价值

笔者将绘本教学的价值分为三个方面：一是，有利于打下语言表达的基础。通过进行绘本阅读，教师在让幼儿感受艺术美和语言美的过程中，积累更多的词汇和表达方式，从而为他们日后的语言表达奠定了基础。二是，促进幼儿正确价值观的塑造。教师通过进行绘本教学活动，一方面加深了幼儿对绘本内容的理解，另一方面让幼儿表达这种理解，使幼儿受到阅读内容思想的影响，促进他们正确价值观的塑造和语言表达能力的提升。三是促进幼儿表达思维的构建。在进行绘本教学的过程中，教师可以落实因材施教原则，结合幼儿的差异提供不同的阅读方法和表达技巧引导，让他们在教师的引导下逐步形成个人独有的表达思维。

2.提高绘本阅读的自主性

在进行绘本式语言教学的过程中，教师需要处理好教师指导与幼儿阅读之间的关系，并在此基础上让幼儿逐步掌握绘本的阅读方法，让幼儿将这种阅读方法融入日后的阅读中，促进幼儿阅读视野的开阔。与此同时，为了进一步激发幼儿阅读的自主性，促进他们语言表达能力的提升，教师可以定期开展阅读分享会，让幼儿在分享的过程中提升语言表达能力，塑造正确的价值观。

（三）教学能力

1. 合理控制读与说的比例

在开展绘本式语言教学活动的过程中，教师需要合理控制读与说之间的比例，既要让幼儿读懂绘本内容，又要使他们进行针对性表达，从而使幼儿真正感受到阅读和表达的快乐。在实际执行的过程中，教师可以选择具有趣味性、直观性的绘本，让幼儿进行针对性阅读，并为他们提供一定的表达空间，使他们真正在表达中加深对绘本的理解，在阅读中掌握更多的表达词汇。为了达到这种效果，教师在进行绘本式语言教学活动中需要合理控制读与说之间的比例。

2. 构建绘本读说数据库

在构建绘本读说数据库的过程中，教师可以充分运用现代信息化技术，着重从如下几个方面入手。

（1）绘本数据库的构建。教师可以绘本主题为划分依据，设置不同的阅读栏，比如艺术类绘本阅读栏、语言类绘本阅读栏、社会类绘本阅读栏等，以满足不同幼儿的阅读需求，为后续的语言表达打下坚实基础。

（2）开展绘本阅读指导。教师可以运用大数据追踪幼儿的绘本阅读记录，并通过设计语音习题的方式，考查幼儿的绘本阅读状况。在此之后，教师可以幼儿的阅读绘本状况为依据设置对应性指导方法，真正让幼儿获得阅读能力的提升。

（3）构建绘本分享模块。教师可以在读说数据库中构建分享模块，让幼儿在此模块中以语音的方式分享阅读感受和启发，并给予他们相应的评价，从而真正让幼儿在此模块中敢说、会说，提高幼儿的语言表达水平。通过构建绘本读说数据库，教师一方面为幼儿提供了线上阅读空间，另一方面让幼儿在教师的指导下更为科学的表达，从而促进幼儿综合口语水平的提升。

三、以家长素养建设为新方向

（一）促进家长形成正确的绘本观念

为了促进家长形成正确的绘本观念，教师可以从如下三个方面切入：一是教师可以邀请家长参与各种活动，比如绘本故事配音大赛、绘本故事表演和绘本漂流活动等，形成对绘本正确的认知。二是教师可以引导家长通过网络的形式加深对绘本内容的理解，比如关注绘本类的微信公众号、登录绘本阅读网站等，促进家长形成正确的绘本观念。三是教师可以引导家长形成良好的阅读习惯，让他们通过阅读的方式感染幼儿，发挥家长的榜样作用。

（二）提高家长参与绘本阅读的积极性

在家长树立正确的绘本观念后，教师可以组织多种亲子绘本阅读活动，鼓励家长参与其中，完成相应的活动，并在潜移默化中提高幼儿的综合表达能力。在实际执行的过程中，幼儿教师可以从如下几点切入：第一，合理设置活动时间。为了让家长融入亲子阅读活动中，教师需要合理设置阅读时间。第二，构建需要亲子配合的阅读活动。教师可以构建多种形式的、需要亲子配合的教学活动，比如角色扮演等，让幼儿在与家长的配合中，获得语言表达能力的提升。第三，积极参与绘本类的讲座。为了让家长更为全面地认识绘本的作用，教师可以组织开展绘本讲座，让家长在参与讲座的过程中逐渐加深对绘本阅读重要性的认识，从而为提高幼儿在绘本阅读中的表达能力创造条件。

（三）构建良好的家庭式阅读新环境

通过构建良好的家庭式阅读新环境，教师可以争取家长的支持，让家长为幼儿提供良好的阅读、表达环境，促进幼儿综合表达水平的提升。在实际执行的过程中，幼儿家长可以从如下三个角度切入：一是绘本的选择。在进行绘本选择的过程中，家长一方面需要考虑幼儿的年龄特点，另一方面需要了解幼儿的阅读兴趣，并在此基础上合理进行绘本的选择。二是读说时空的选择。在选择阅读绘本后，家长可以结合幼儿以及个人的时间、家庭实际情况，设定相应的阅读时间和空间，以促进读写活动的顺利开展。三是亲子读说分享。教师可以定期开展亲子读说分享会，让幼儿分享亲子阅读中的内容，并将这些内容以视频的方式展示，即让家长在家庭中完成相应内容的录制。与此同时，教师还可以根据幼儿在视频中的表现，适时地向幼儿家长提出相应的阅读意见，从而为幼儿在家庭开展读说活动创造相应的条件。

第四章　信息技术与幼儿语言指导教学整合

第一节　信息技术与幼儿语言指导教学整合的意义

一、以语言教学趣味性为接力点，增强语言教学互动的全面性

传统的幼儿语言教学以教师的口述为主，这种单一的教学形式即使呈现的内容再丰富多彩，也仍旧会让幼儿对语言学习产生抵触心理，从而不利于幼儿语言教学质量的提升。针对这种状况，教师可以借助信息技术构建具有趣味性的语言教学活动，让幼儿融入其中，以增强师生之间的互动面，促进整体幼儿语言教学能力的提升。

具体言之，在幼儿语言指导教学过程中，教师可以充分运用信息技术，构建刺激幼儿视觉、听觉的活动，让学生融入其中，并在完成具体设置活动的过程中从不同的角度进行内容的表达，以增强他们的语言表达能力。比如，教师可以运用信息技术进行角色扮演活动，让幼儿自主选择个人喜欢的角色，在进行表演的过程中，拓宽幼儿语言互动内容的范围，提高思维的多元性。又如，教师可以组织幼儿进行配音活动，引导幼儿从主人公角色的角度思考问题，让他们在兴趣的影响下积极与教师互动，与多媒体互动，拓展互动的主体，激发幼儿

的表达热情，使他们在教师的引导下，提升共情能力，懂得运用换位思考的方式进行表达，以此提高幼儿的表达水平。

总之，在进行语言教学的过程中，教师可以借助信息技术营造多种形式的语言使用场景，调动学生的学习兴趣，增加师生之间的互动，在吸引、引导、激发幼儿表达的过程中，提升综合语言表达能力。

二、优化整个幼儿语言教学的流程，提升教师语言教学的综合水平

在幼儿语言指导教学过程中，教师可以深入研究信息技术的特点，将信息技术与幼儿语言教学进行完美融合，并对个人的教学流程进行优化，借助"信息技术之眼"，促进个人综合语言教学水平的提升。在实际的幼儿语言教学过程中，教师可以从如图 4-1 所示的三个角度论述，以达到优化整个语言教学流程，促进个人语言综合教学能力提升的目的。

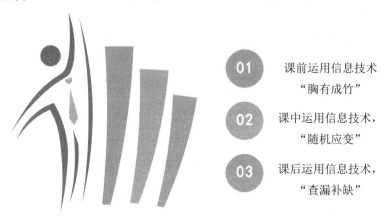

图 4-1　优化幼儿语言教学流程

（一）在课前运用信息技术，做到"胸有成竹"

在课前备课阶段，教师可以运用信息技术，对教学有以下三方面的影响：首先，对幼儿形成一个整体性认知，观看之前教师录制的语

言教学视频，了解幼儿在语言学习过程中的喜好，为促使幼儿语言学习喜好与个人语言教学优势的融合提供认知基础，真正做到"知己知彼"。其次，进行教学活动设计。在教学活动设计的过程中，教师一方面可以利用大数据，根据幼儿的喜好，灵活选择对应的内容；另一方面可以根据个人的优势选择相应的优化语言活动的方法，真正在幼儿教学活动开展的过程中做到"胸有成竹"。最后，进行教学活动预见。在语言教学活动开展前，幼儿教师可以从不同的角度思考此次教学活动，比如幼儿可能出现的反映，在教学活动中可能出现的问题，并思考解决上述问题的策略。

（二）在课后运用信息技术，做到"查漏补缺"

在课后阶段，教师可以运用信息技术绘制多种幼儿语言教学图形，比如数据效果图、教学思维导图等，在细化语言教学过程的同时，构建具有数据化的反思模式，即通过量变的积累引起质变的飞跃，促进语言教学能力的提升。更为重要的是，教师不仅要进行教学反思，而且要跳出个人的认知，从更为多元的角度思考幼儿语言教学问题，一方面运用信息技术搭建语言教学交流群，与同事沟通，借鉴他人的思维，发现个人不易察觉的语言教学问题，并学习他人语言教学方法；另一方面可以从在网上观看优秀幼儿教师的语言教学视频，不断拓展个人的语言教学视野，巩固幼儿自身的语言教学知识结构。更为重要的是，教师需要将个人的反思、他人的建议和所学的新内容再次运用到幼儿语言教学过程中，通过实践的方式检验个人的语言教学问题解决情况、新教学方法的使用情况，形成一个语言教学闭环，不断在优化整个语言教学环节的过程中获得综合教学水平的提升。

总而言之，在幼儿语言教学过程中，教师要将整个教学过程看成一个有机的整体，并充分发挥信息技术在整个教学整体中的"缝合剂"作用，在增强各个教学流程联系性的同时，实现整个幼儿语言教学过程的优化，即借助信息技术教学，通过反思和再实践，促进个人综合语言教学水平的提升。

三、巧借幼儿语言教学之机，促进教师信息素养的提升

信息化教学已经成为现阶段教学发展的总趋势。《中国教育现代化2035》中提出："加快信息化时代教育改革。"《幼儿教师专业标准（试行）》提出，幼儿教师需要适应现阶段教学的总趋势，有意识、有行动地提升个人的信息技术能力和知识水平，以更好地拥抱信息化新时代，对现阶段的教学进行创新。为此，笔者认为有必要促进幼儿教师的信息素养，使他们借助信息技术之力，构建异彩纷呈的幼儿语言课堂。在具体措施实施方面，笔者主要提出如下措施。

（一）意识层面：认识信息技术教学手段的重要性

在加强对信息技术教学手段认知的过程中，笔者着重从对各个参与教育主体的影响进行论述，旨在更为客观、全面地呈现信息技术教学的重要性，促进教师形成正确的信息化教学认知。具体言之，笔者着重从如下几方面进行论述。

1.信息技术对幼儿语言学习的影响

（1）调动幼儿感官，激发语言学习兴趣。著名心理学家特瑞赤拉通过长时间的研究发现了感官与人类记忆之间的关系：在文字化学习中，人们最多记住内容的 10%。在聆听式学习中，人们记住的内容大约为 20%。在视听学习中，人们可以记住的内容大约 50% 的所学内容。在视听说的教学中，人们可以记住所学内容的 70%。这给幼儿教师在语言教学方面的启示是：教师可以通过调动幼儿多重感官的方式，为提升幼儿语言表达能力创造条件。为了实现这个目的，幼儿教师使用信息技术，即运用此技术集图片、声音、文字于一体的特性，为幼儿带来多种感官刺激，增强语言教学情景的沉浸感，让幼儿真正融入多种形式的语言教学活动中，比如配音表演、角色表演等，让幼儿在多种场景下学习语言知识，锻炼语言技能，享受语言表达的乐趣。

（2）运用人机互动的优势，形成语言学习动机。一是人机互动的优势。其一，形成新的语言教学形式。教师通过运用人机互动形式，调动幼儿的好奇心，使他们积极地融入人机互动中，形成可观可感的显性语言学习场景，在潜移默化中获得语言表达能力的提升。其二，人机互动形式多样。教师可以结合不同的语言教学内容，设置不同的人机互动场景，比如线上人机互动或是线下人机互动等，以增强语言教学的弹性。其三，人机互动的情境性。教师可以使用信息技术设置沉浸式的情景，让幼儿融入其中，不自觉地将个人带入其中的情景中进行相应的对话，即以隐性的方式让幼儿形成语言学习动机。

二是具体形成语言学习动机的策略。笔者在此主要从人机互动的形式入手，介绍了两种促进幼儿形成语言学习动机的策略。

一是线上互动。教师可以从线上阅读、线上写作和线上讨论三种形式入手，锻炼幼儿的语言表达能力。

首先，在线上阅读方面，教师可以结合本校实际和个人实际的信息技术水平，设置线上阅读网站，引入不同的线上绘本，比如社科类绘本、机械类绘本、经典阅读类绘本、益智逻辑类绘本、生物类绘本、艺术类绘本等，让幼儿结合个人的爱好阅读相应的绘本，从而为后续的语言学习积累词汇，形成科学的语言表达思维。在阅读网站的构建过程中，幼儿教师可设置相应的人机对话模块，即在每种阅读绘本的后面设置人机互动题型，让幼儿运用阅读中的词汇回答问题，并以幼儿的表达结果为依据给予相应的指导，提升表达的科学性。其次，在线上写作方面，教师考虑到幼儿不具备书写能力，因而采用语音编故事的形式，即让幼儿运用语音的形式进行故事化写作，一方面让幼儿充分运用在阅读中积累的词汇，另一方面锻炼他们的语言逻辑能力。在此内容中，教师可以设计机器打分系统，即根据幼儿在表达过程中的语音、语调进行打分，以增强他们的表达感染力。最后，在线上交流方面，教师设置不同的讨论形式，比如设置聊天室、组建线上论坛等，定期抛出不同的热点话题，组织幼儿进行讨论。在幼儿讨论的过程中，教师可以引入"虚拟机器人"，让虚拟机器人组织幼儿交流，并给予他们不同的评价，从而使幼儿受到这种对话场景的吸引，积极地投入到对话过程中，促进幼儿语言表达能力的提升。

二是线下互动。在幼儿语言课堂的教学过程中，幼儿教师可以组织多种形式的线下交流活动。以语言游戏互动举例，教师可以设置角色式的语言游戏场景，让幼儿结合多媒体中的图片进行相应的对话，并让多媒体结合幼儿的对话进行相应的打分，从而在增强幼儿表达思维发散性的同时，让他们在多媒体的指导下更为积极地纠正错误，增强幼儿表达的规范性。

2.信息技术对幼儿教师语言教学的意义

（1）增强语言教学的表现力。在语言教学过程中，教师无法运用口语的方式表达相应的内容，导致语言教学受到局限。对此，教师可以运用信息技术，即通过声音、图像等方式表达相应的语言教学内容，让幼儿更为直观地接受相应的语言信息，以此增强语言教学的表现力，最大限度地发挥信息技术在语言教学方面的作用。

（2）提升语言教学的有效性。在提升语言教学有效性方面，教师一方面可以运用电子白板储存、共享备课信息，通过与其他教师对比备课内容，纠正个人在备课中的不足，学习他人的备课方法；另一方面可以运用白板组织多种形式的语言教学活动，比如简单的声乐学习等，让幼儿融入相应的情境中，学习歌唱，使他们在歌唱中获得语言词汇的积累和想象能力的增强。

3.信息技术对家校合作机制下幼儿语言教学的作用

主要体现在沟通的便捷性上。具体言之，在语言教学过程中，教师可以通过信息技术与家长从如图4-2所示的三个角度进行沟通，以形成良好的语言教学闭环控制，提升幼儿语言教学质量。

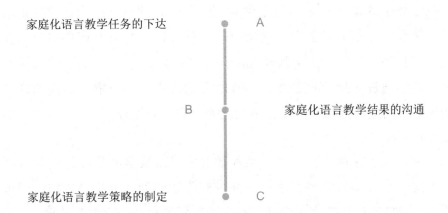

家庭化语言教学任务的下达

A

B　家庭化语言教学结果的沟通

家庭化语言教学策略的制定

C

图 4-2　信息技术与家长融合过程

（1）家庭化语言教学任务的下达。教师可以灵活选择相应的任务下达形式，比如 QQ 群、微信群、APP 等，在满足不同语言教学场景需求的同时，可适应不同家长的信息接受习惯，促进语言教学任务的顺利下达。

（2）家庭化语言教学结果的沟通。教师可以让家长选择不同的家庭化语言教学结果沟通形式，比如录制幼儿语言学习成果视频、语音，或是转化成文字，以增强沟通形式的弹性化，为提示语言沟通的有效性赋能。

（3）家庭化语言教学策略的制定。在进行家庭化语言教学结果的沟通后，教师可以与家长针对幼儿在实际语言表达中出现的问题，制定针对性策略。比如，针对有些幼儿较为内向的问题，教师可以尝试制定如下的策略。首先，培养幼儿表达时的自信。教师可以通过与家长沟通的方式，了解幼儿感兴趣的内容，并为幼儿提供针对性的阅读建议及指导，让他们通过阅读的方式，积累知识。其次，提供语言表达平台。教师可以为幼儿提供语言表达的平台，并以"视频+表达"的方式进行，一方面录制幼儿表达的视频，另一方面让幼儿结合视频进行针对性表达。更为重要的是，教师需要给予这些幼儿肯定的评价，并鼓励更多的幼儿从正向的角度对该幼儿进行评价。最后，独立讲故事。随着幼儿信心的提升，教师可以为幼儿提供独立交流的时空，让他们"独当一面"，在增强幼儿心理素质的同时，提升他们的表达水平。教师通过运用信息技术，结合幼儿的表现，在与家长共同商议的情况下，制定具体策略，以促进幼儿表达能力的提升。

4.总结

在本部分内容的论述中，笔者着重从实践教学的角度让幼儿教师认识到信息技术教学的必要性，并以实践案例为思维指导方向，促进幼儿综合信息运用能力的提升，获得了良好的幼儿语言教学效果。

（二）学校层面：从硬件、软件，培训角度方面构建校园信息化环境

1.硬件方面

（1）网络建设。在网络建设方面，幼儿园可以从无线网络和有线网络两个角度入手。在无线网络方面，幼儿园可以数字化为核心，构建不同网络规格的无线形式，比如，放装模式、室分模式、X-share 模式等，以满足不同场景下的网络需求，最大限度地为教师提供无线网络服务。在有线网络建设过程中，幼儿园可以针对一些特殊的需要，灵活设置部分有线网络，提高信息传输的稳定性和安全性。

（2）设备建设。"工欲善其事，必先利其器"。除了建设网络外，幼儿园还需要购进相应的硬件设备，从而为幼儿教师的信息化教学提供良好的设备条件。教师通过运用这种设备，可获得教学能力的提升，同时也能为幼儿创造良好的语言教学氛围，提升整体的语言教学质量。

（3）资源建设。本书中的资源建设主要是指幼儿教学资源建设。主要包括以下三方面内容。

①幼儿教学资源的来源。教师可以从如下几点入手，进行幼儿教学资源的建设。首先，教师可以在网络上搜集优秀的幼儿语言教学视频，并将这些视频进行分类整理，找出视频中优秀幼儿语言教学的优势，然后将这种优势运用到日后的语言教学过程中，提升幼儿教师的

教学能力。其次，教师可以运用学校中的网站搜集同事的幼儿教学视频，并将这些视频与个人的教学思路进行对比，以寻找其他同事值得学习的知识点，然后将这些新的知识运用到幼儿教学过程中，构建新旧知识的连接，促进个人语言教学知识的优化，提升整体的幼儿语言教学质量。最后，反思个人的幼儿语言教学。教师除了学习他人的幼儿教学案例外，更需要对个人进行反思，从弥补个人教学缺陷的过程中，不断优化个人的语言教学思维，提升个人的综合语言表达能力。

②幼儿教学资源的使用。在进行幼儿教学资源的使用过程中，教师需要考虑三方面因素。一是个人教学习惯。在幼儿教学资源运用的过程中，教师需要从个人习惯入手，着重选择适合个人思维的方式，从而在幼儿资源运用的过程中得心应手。二是结合实际状况。除了关注个人的教学习惯外，教师需要结合实际，尤其是从幼儿的思维习惯入手，比如选择具有形象性、趣味性场景，让幼儿受到上述情景吸引，并不自觉地走入到相应的场景中，从场景主人公的角度思考和表达，让他们情不自禁地张口，并结合学生的实际表达状况给予针对性评价，让他们在教师的指导下，逐步摸索出语言表达的规律，促进幼儿表达水平的提升。三是适时进行"充电"。除了将幼儿教学资源投入到实际教学中外，教师还可以通过解构幼儿教学资源的方式进行，一方面在语言教学导入阶段，教师可以观看其他教师课堂导入的方式和内容，并从中得出新的想法，另一方面在课堂语言教学阶段，教师可以观察其他教师处理语言教学的意外状况，并从中找到值得学习的内容，比如对学生注意力的吸引，以及在处理意外状况中所采取的具体方法，要以个人为中心，结合个人的实际进行针对性的教学资源使用，促进个人语言教学能力的提升。

③幼儿教学资源的共享。在进行幼儿教学资源共享的过程中，教师既可以分享个人的教学课件，又可以分享所搜集的优秀教学资源，还可以推荐其他同事的教学课件。教师一方面成为教学资源的贡献者，

另一方面又成为幼儿教学资源的享受者，从他人的幼儿语言教学资源中学习、运用和再反思，实现幼儿语言教学资源运用效益的最大化。

2. 软件方面

在软件建设方面，幼儿园领导及教师可以从制度和发挥实际效益两个角度切入。在制度构建方面，教师可以从校园网管理入手，制定相应的制度和措施，以保障网络运用的稳定性和顺畅性。具体言之，幼儿园可以借鉴如下两点：第一，常规管理。教师可从管理技术入手，即在保障安全事故发生的同时，保障网络运行的顺畅性。第二，在有效监察方面，幼儿园需要监督教师的网络使用状况，比如是否出现各种不良现象，如玩游戏、打扑克等，以提升网络运用的有效性。在网络运用效益方面，幼儿园一方面可以对网站的内容和布局进行优化，另一方面可以丰富网络页面中幼儿语言教学内容，加强幼儿班级网站的建设，定期进行多种活动，比如语言小能手评选活动等，最大限度地提升幼儿及教师使用网络的力度，让教师获得语言教学能力的提升，让幼儿获得语言表达能力的提升，并发挥网络技术的效益，增强网络化语言教学的有效性。

3. 以与语言教学融合为目的的信息素养优化

在优化信息素养培养方向的过程中，幼儿园可以结合信息素养内容进行针对性切入。具体言之，幼儿教师可以从如图4-3所示的五个方向入手进行信息素养培养方向的优化。

图4-3　以与语言教学融合为目的的信息素养优化方向

（1）信息意识培养方向。在信息意识培养方向的构建过程中，幼儿园一是需要了解具体的信息意识，即信息保护意识、信息应用意识、信息敏感意识。二是，在实际的幼儿语言教学过程中，教师需要有意识地将这些意识合理运用。在网络运用的过程中，教师一方面需要保护好学校及个人的信息（信息安全意识），另一方面需要具备较强的信息敏感度，在肯定信息是明智决策重要基础的同时，可以将这些信息与语言教学进行有效融合（信息应用意识），以实现语言教学方式的优化，促进语言教学质量的提升。

（2）信息源的选取和认知方向。幼儿园可以在日常的课程教学中，有意识地进行信息源的索取及认知。随着时代的发展，幼儿教师除了获得正确的价值观外，更应注意在语言教学过程中，有效进行信息认知及搜集，尤其是对所搜集的内容进行多元化分析，并结合实际的场景，合理进行幼儿语言教学，充分发挥语言教学与信息融合之间的作用，促进个人语言教学信息判别能力的提升，推动整个语言教学质量的提高。

（3）信息获取与查询方向。在幼儿语言教学过程中，教师总会面临多种多样的教学问题。为此，教师可以借助网络的力量，以个人的教学问题为方向，不断进行策略信息的查询，并注重对这些信息的整理，在去粗取精、去伪存真的过程中，找准适合个人语言教学的策略。在此之后，教师可以反思整个信息搜索过程，通过不断反思的方式，逐渐养成科学的信息搜索习惯，从而最大限度地搜集有效信息，实现幼儿语言教学内容的丰富和教学方式的优化。

（4）信息的管理与利用方向。在幼儿语言教学过程中，教师身兼三职。首先，教师是幼儿语言教学数据的使用者，即结合个人的实际语言教学需求，搜集对应的教学信息，促进幼儿语言教学的顺利进行。其次，教师是幼儿语言教学数据的优化者，即可以结合个人的经验有针对性地运用相应的教学数据，并对这些数据进行优化，从而成为网络上幼儿语言教学数据的优化者。最后，教师是幼儿语言教学数据的分享者，即可以在网络上与同事分享幼儿语言教学数据的使用过程，并从更为专业的角度落实具体的教学措施。

（5）信息的规则方向。幼儿教师在进行语言教学数据的搜集、使用、传播和分享的过程中，需要遵循两方面的规定：一方面遵守网络中的相关行为和语言政策，另一方面尊重学术交流规范，避免在实际交流的过程中，出现窃取他人幼儿语言教学成果的状况，从而优化整个幼儿语言教学的网络环境，提升整体幼儿语言教学水平。

4.构建完善的信息素养评价体系

在构建完善的信息素养评价体系过程中，教师可以从三个角度入手。

（1）评价内容。内容一，是否具备明确信息需求的范围和内容的能力？比如，是否具备对所搜集信息进行评价的能力。内容二，是否具备高效获取信息的能力。内容三，是否具备对信息源以及信息进行评估的能力。内容四，是否可以在群体幼儿语言的备课过程中，运用搜集的信息解决备课问题的能力？内容五，运用的幼儿语言教学信息是否符合相应的规定，比如法律规定、教学规范。

（2）评价主体。在幼儿园教师信息素养评价过程中，教师可以使用"五位一体"的评价方式，即从教师、同事、学生、教学专家和用人单位五个角度入手，更为全面地了解个人运用信息技术开展幼儿语言教学的优势和漏洞，在优势层面积累经验，在劣势层面改进方法，促进个人信息素养的提升，为提高幼儿语言教学水平提供必要的技术条件。

（3）兼顾评价的过程性和终结性。幼儿园在对幼儿教师进行信息素养评价的过程中，需要兼顾过程性与终结性。在过程性方面，幼儿园一方面要关注教师在运用信息技术开展幼儿语言教学中呈现的状态，另一方面需要分析他们在教学环节的各个衔接点的融合性和过渡性，并给予必要的指导，使幼儿教师在语言教学的过程中可以进一步优化原有的流程，促进他们语言教学能力的增强。在进行终结性评价的过程中，幼儿园可以运用逆向思维进行评价，从结果出发，并通过与幼儿教师交流的方式，发现、解决他们在运用信息技术开展语言教学中的固有问题，从而在促进幼儿教师信息素养形成的同时，提升他们综合运用信息技术的水平，提高整体的幼儿语言教学能力。

第二节 信息技术与幼儿语言指导教学整合的策略

一、运用信息技术手段，创设幼儿语言教学情境

（一）故事情境

1.运用故事情境开展幼儿语言教学的意义

通过将故事情境融入幼儿语言教学的过程中，教师一方面可以故事情节为导入，即在吸引幼儿注意力的同时，实现由故事向情境的顺利导入；另一方面可以将语言教学内容，有机地融入故事情境的开展中，让幼儿在聆听故事的过程中，潜移默化地获得语言表达能力的提升；此外还可以充分调动幼儿的多种感官，提高他们接收信息的多元化，让他们可以根据对话或是对话所在的场景，进行大胆揣测，促进幼儿科学语境思维的形成，提高他们的语言表达水平。具体言之，故事情境运用在幼儿语言教学中的意义主要体现在如下几点。

（1）精神层面：满足幼儿语言学习的精神追求，可以从全人教育和建构主义理论两个角度入手。

全人教育方面，在故事情境的设计过程中，教师逐步从原先的知识本位向能力本位过渡，再向人本位切入，真正从立足幼儿的全面发展入手进行相应的语言教学，让幼儿在受到故事情节和场景吸引的同

时，在最大限度地与故事的主人公感同身受，获得更多场景化的生命体验，在提高幼儿共情能力的同时，塑造良好的思想品格，促进幼儿身心的发展，最终实现全人教育的目的。

在建构主义理论方面，幼儿教师在运用信息技术进行故事情节的构建过程中，一方面可以从幼儿的思维特点入手，即注重情节设置的形象性，另一方面需要从幼儿的生活经验切入，即融入最为接近幼儿生活的故事化场景，最大限度地构建故事化场景与幼儿思维的连接，消除幼儿的认知壁垒，让他们真正根据故事情境，联想个人的生活体验，并运用这种体验诠释故事内容，启发幼儿的思维，让他们的口语表达更具丰富性，从而获得良好的口语教学效果。

（2）现实层面：提升整体的语言教学质量。就现实而言，在使用信息技术构建故事化场景的过程中，教师既可以激发幼儿的表达欲望，又能在潜移默化中渗透语言知识，让幼儿不自觉地完成新旧语言词汇以及方式的积累，掌握更多的语言表达方法，提升整体的语言教学质量。具体言之，笔者主要从两个层面介绍此种故事情境的优势。

一是兴趣层面。在进行故事情境的设计过程中，幼儿教师既可以从情景入手，即引入幼儿感兴趣的情景，吸引他们的注意，又能够从情节的角度渗透，让幼儿受到故事情节的感染，更为深入地投入到故事情节的变化中。更为重要的是，教师除了要让幼儿观看故事、聆听故事，更要让他们表达故事，尤其是个人的看法和感想，并结合他们的表达时出现的问题进行针对性指导，让幼儿真正在表达中获得正确的思维方式和价值观，促进他们综合表达能力的提升。二是意义层面。在意义层面的论述中，笔者主要从幼儿的语言思维入手，即通过让幼儿观看故事的方式，激发他们思维的发散性，让他们围绕某个故事情节，或是故事中人物的性格进行发散性思考，让幼儿语言表达的内容和方式更具有丰富性，还能让幼儿进行思维的整合，即通过表达个人相同情感经历的方式，提升对原有故事的解读能力，增强他们的表达深度和感染力，提升他们表达思维的发散性和整合性。

2.运用信息技术创设故事情境的策略

（1）故事情境设置的真实性。在幼儿故事情境创设的过程中，教师需要真实性的原则，一方面要唤醒幼儿已有的生活经验，另一方面要促进幼儿良好品格的塑造，真正让幼儿融入相应的情景中，不自觉地张口说话，并结合故事内容进行针对性交流，让幼儿在解读故事、分析故事的过程中表达故事，促进幼儿综合表达能力的提升。在增强故事设置情景真实性方面，幼儿教师可以尝试从如图4-4所示的内容切入。

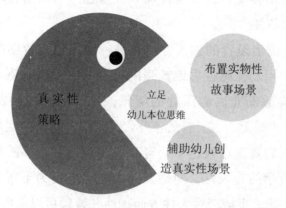

图4-4　故事情境设置的真实性策略

①立足幼儿本位思维。在进行故事化情景设置的过程中，教师需要落实幼儿本位的情景设置意识，一方面从幼儿的认识水平入手，即侧重引入具有感性的画面，另一方面需要结合幼儿的生活经验，即引入最为接近幼儿生活的场景，还需要注重故事情境设置的趣味性，在最短时间内吸引幼儿的注意力，并让他们融入其中，促进故事性语言教学的有效进行，提升幼儿综合语言表达能力。

②布置实物性故事场景。为了提升故事情境创设的真实性，幼儿教师可以开展"半借助"信息技术式的故事化场景，即借助信息技术设置真实性氛围，使用多媒体中的声音等形式，营造外在化的场景。

在此之后，教师可以引入实物性的故事场景。在实际执行的过程中，幼儿教师一方面可以准备故事中运用的道具，另一方面可以为幼儿设置相应的角色，让他们融入其中，将个人联想成对应的角色进行针对性表演，使其在融入其中的过程中，感受到故事情境的真实性。

③辅助幼儿创造真实性场景。为了增强故事场景构建的真实性，幼儿教师可以引入翻转课堂的形式，即让幼儿成为故事场景的制造者，让幼儿结合个人思想和生活经历，开展相应故事化场景的设置。因为幼儿在教师的指导下从各个角度入手，设置最为接近其认知的场景，所以他们更容易接受这种真实性场景，这也为后续语言教学的顺利开展提供了有利条件。

（2）故事情境设置的感人性。在进行幼儿语言教学的过程中，幼儿教师可以运用幼儿感性思维较强的特点，注重引入感人性、煽动性的故事，以唤醒幼儿内心深处的情感，打开幼儿内心深处的"话匣子"，让他们"知无不言，言无不尽"，并结合幼儿的实际表现给予正向评价，让他们真正在表达中获得心灵的启迪和情感的共鸣，从而增强幼儿语言教学的育人性，使幼儿的内心世界更为丰富。为了达到这种效果，在增强故事情境感人性方面，幼儿教师可以借鉴如下方法。

①情境设计的立体性。为了让故事情境设计更具有感染力，教师可以从立体化的角度入手，即运用信息技术，从视觉、听觉、嗅觉和触觉等多个角度入手，让幼儿融入相应的故事情境中，打开幼儿内心情感深处的"锁子"，增强情境设置的感染力，激发幼儿的表达欲望，让幼儿在表达中学会分享，在分享中彼此鼓励、相互认同，从而在满足幼儿情感需要的同时，促进他们语言表达的感染力，提升整体语言教学水平。

②情境设计的生活性。共同的生活经历往往更能触动幼儿的内心情感，为了达到这种目的，教师可以引入生活化的场景，尤其是体现母爱、父爱的场景，让幼儿联想个人与父母之间的点点滴滴，触碰幼

儿内心最柔软的地方，让他们表达个人的真实情感体验，使幼儿学会用心表达。

③情境设计的典型性。众所周知，榜样的力量是无穷的，是最具感染力的。为增强故事情境设置的感动性，幼儿教师可以运用榜样的力量，注重引入典型性的案例或事件。比如，展示有些幼儿在年少时，便要承担起照顾父母的重任。尤其是教师可以展示这些幼儿的生活场景以及他们的情感状况，真正触动本班幼儿的内心，让他们懂得换位思考，并站在这些场景中的幼儿的角度思考问题，使本班幼儿在观看这些典型故事中深受感染。值得注意的是，教师可以运用信息技术播放歌曲，真正增强故事的感染力，触动幼儿内心深处的"那根弦"，让幼儿在换位思考中懂得体恤他人，并在表达中懂得从他人的角度思考问题，促进幼儿情商的提升。

（3）故事情境设置的整体性。故事是一个有始有终的事件。在进行故事情节的设计过程中，教师既要吸引幼儿的注意力，又要保证故事内容、情节和主体的连贯性，牢牢抓住幼儿的好奇心，使其在融入其中的同时，跟随教师的脚步进行相应语言的学习，增强幼儿语言学习的专注力，促进语言教学效率的提高。为了达到这种目的，在设置整体性故事情境的过程中，幼儿教师需要注意如下三点。

①环环相扣的情节。在增强故事情境设置的整体性方面，教师可以从情节入手，即构建上下情节之间的逻辑，注重创设情节与情节之间的冲突，让幼儿真正被情节所吸引，从而更为高效地感受故事中的情感和人物性格，让他们在欣赏情节的同时，形成一个完整的逻辑。与此同时，教师可以运用思维导图的方式制作故事情节图形，并指导幼儿结合此图形进行情节的复述，使他们在潜移默化中更为完整地叙述故事，促进幼儿表达的科学性。

②一以贯之的主线。本书中的一以贯之的主线是指在讲解故事的过程中，教师可以主人公的成长作为故事开展的主线，让幼儿将注意

力集中在主人公的成长上，并跟随主人公的不断成长，加深对主人公性格的理解，尤其是对主人公良好品格的认知，使幼儿看待问题的方式更为立体和全面，进而促进他们思维的完整性。

（二）问题情境

1.采用问题情境开展语言教学的意义

古语有云："学贵有疑，小疑则小进，大疑则大进。"在进行语言教学的过程中，教师需要意识到疑问对于幼儿语言学习的重要性，即可以调动幼儿的好奇心，让幼儿在解决问题的过程中构建与个人已有认知和思维方式的连接，促进其思维的完善，还能以问题的角度进行语言教学环节的过渡，实现幼儿语言教学的高效性。

（1）凸显幼儿语言学习的主体地位。教师通过运用信息技术布置问题性情境，可以让幼儿带着问题走进语言学习中，并在语言学习中更具有目标性。与此同时，幼儿教师可以结合幼儿在语言学习中的问题、思维状况、性格因素等，做到因材施教，开展不同形式的引导模式，比如直接引导、隐性引导等，让幼儿在教师的启发下发现、解决语言学习中的问题，使他们真正享受到自主思考解决问题的快乐，从而凸显幼儿在语言学习中的主体性。此外，在实际的语言教学过程中，幼儿教师需要落实"不愤不启，不悱不发"的原则，进一步激发幼儿在语言学习中的求知欲，实现由"要我学"向"我要学"的转变，让他们真正在内心深处产生好奇的"种子"，懂得用心解决语言表达的问题，增强他们语言学习的自我效能感。

（2）促进幼儿思维方式的发展完善。在幼儿语言教学的过程中，教师可以问题的方式打破幼儿原有的思维方式，即从非常理的方式引导幼儿思考问题，使他们在打破个人已有认识的基础上，构建个人认知与现有认知之间的衔接，促进幼儿思维方式的发展和完善。具体而言，幼儿教师可以运用趣味实验现象打破幼儿的已有认知，比如可以引入"吮吸现象"，打破幼儿"水往低处流"的认知，并让他们以科学的眼光看到自然现象，解释个别特殊现象，即以新问题的方式引入新科学知识，在调动他们好奇心的同时，让他们真正立足实际进行探究和表达，使他们的认知思维获得发展和完善。

（3）实现幼儿语言教学环节的过渡。在幼儿语言教学的过程中，教师可以改变传统的"一马平川式"的语言教学方式，从问题的角度寻找新的突破口，即通过问题优化整个教学结构。比如，在语言教学过程中，教师需要凸显幼儿在语言学习中的主体思维，并适当运用反问的方式，让幼儿站在教师的角度思考语言问题，顺利实现语言教学环节的顺利过渡，激发幼儿语言学习的兴趣，优化整个语言教学流程。

2.运用信息技术创设问题情境的策略

（1）问题情境设置的启发性。在幼儿语言教学过程中，教师需要考虑幼儿的实际思维水平，并运用信息技术进行针对性的启发，比如播放相应的声音、进行话语提示等，让幼儿在语言表达的过程中获得精准启发，提升他们捕捉关键信息，进行合理表达的能力。与此同时，在实际的启发教学中，教师需要为幼儿提供充足的思考空间，让他们懂得依靠个人的力量进行相应的思考，使他们逐步形成独立解决问题的习惯，并在表达的过程中更具有自信心，从而促进幼儿良好心理素质的塑造。总之，教师设置启发性问题情境，一方面锻炼了他们运用关键信息的能力，另一方面也为幼儿提供了相对独立的思考空间，让幼儿真正学会"靠自己"解决语言学习中的问题，更为自信地进行表达，以获得良好的语言教学效果。

（2）问题情境设置的展示性。本书中的问题情境设置的展示性主要是指幼儿在表达过程中出现的问题场景。为了进一步让幼儿暴露他们在表达过程中出现的问题，教师着重让幼儿进行全方位的表达，以更为全面地了解幼儿在表达过程中呈现的思维，并运用信息技术描绘幼儿的表达思维流程图，发现幼儿在表达中集中出现的问题，并给予指导，从而在提升语言教学精准性的同时，提高幼儿语言表达的合理性。

（3）问题情境设置的合理性。本书中的问题情境设置的合理性包含两个方面的内容：一是问题情境设置的适度性。在幼儿语言教学过程中，教师在认识幼儿思维水平的基础上，合理设计情境中的问题，遵循接近幼儿认知最近区域原则，增强问题设置的适度性，让幼儿"垫一垫脚"即可回答相应的问题，使他们在回答问题中获得自信以及表达的快乐。二是问题情境设置的层次性。在实际的语言教学过程中，教师需要注意问题设置的层次性，既要照顾一部分语言表达能力差的学生，又要照顾一部分语言学习能力强的学生，以保障不同语言表达能力的幼儿学到语言知识，促进整体语言教学水平的提升。总之，在问题情境设置中，教师既要照顾整体，即从问题设置适度性入手，又要考虑幼儿之间语言表达能力的差异性，从层次性问题入手，实现语言教学的全面性，提升整体的语言教学质量。

二、运用信息技术，丰富语言教学形式

众所周知，信息技术是幼儿语言教学活动的催化剂，有利于提高幼儿的语言综合表达能力。信息技术推动语言教学意义的表现主要体现在如下三点。

首先，课件的综合运用。幼儿教师可以将信息技术运用在课件的制作、分享和讨论中。为了让课件内容贴近幼儿生活、兴趣和认知，教师在制作课件前，可以运用信息技术，如利用大数据了解幼儿的上述信息，并可在课件制作的过程中将上述内容进行融入。此部分内容在前文已经论述，笔者在此不做过多论述。

其次，丰富教学手段。在进行语言指导活动的过程中，教师可以构建不同形式的信息化语言教学手段，并在此过程中，充分运用信息技术的优势进行多方位、多角度的语言信息传达，从而在提高幼儿接受语言信息效率的同时，让他们真正融入其中，即增强信息化语言教学活动的沉浸感，使他们在潜移默化中提升综合语言表达水平。

最后，拓宽教学活动。教师可以运用信息技术，拓展语言教学活动，即结合不同的语言教学目标，灵活设置相应的语言教学活动，在保证语言教学丰富性的同时，提高幼儿语言学习的新鲜感。比如，在幼儿语言教学过程中，教师可以设置不同场景下的语言教学活动。在实际的语言活动开展过程中，教师可以将具体的语言教学活动分为两大类：一是立足语言教学特性的教学活动，比如：文学作品欣赏活动、讲述活动、听说游戏活动等。二是与语言教学相关的活动，如人际交往活动、日常生活活动、游戏活动等，可丰富语言教学活动形式，提升整体的语言教学综合水平。具体而言，笔者着重从如下两个角度进行论述。

（一）教学手段

在论述教学手段的过程中，笔者着重从信息技术与教学融合的衍生品入手，即介绍常见的几种语言教学形式，并结合实际的语言活动提出针对性看法，旨在真正让现阶段的语言教学方式更为多样化，以满足不同幼儿语言学习的需求，促进整体语言综合教学水平的提升。

1. 电子绘本

（1）电子绘本在语言教学中的优势。与传统的幼儿语言活动教学相比，绘本教学的优势在于：一是，绘本表现形式具有流畅性、简洁性、趣味性的特点。二是，文字与图片的完美融合。幼儿一方面可以通过图片，直接抓取绘本中的关键内容，另一方面可以插图为辅助，学习更多的生字，丰富幼儿的词汇，让他们在讲述绘本故事的过程中逐步掌握语言表达规则，提高口语表达能力。与传统绘本不同的是，电子绘本具有较强的互动性，即有利于实现幼儿与机器的有效互动，从而进一步激发幼儿的阅读热情，并通过与机器进行语言互动的形式，比如复述故事、回答问题等，提升幼儿信息整理的能力，让他们的语言表达更具有针对性和逻辑性，最终达到提升幼儿语言表达能力的目的。具体言之，电子绘本互动性对于提升幼儿语言表达能力的作用主要体现在如下三点。

①画风和故事内容与幼儿语言发展阶段同步。与传统的绘本相比，电子绘本的画风较为简洁，方便幼儿第一时间抓取关键信息，可降低幼儿的阅读坡度，提升他们的阅读兴趣。故事内容具有趣味性、童真性，符合幼儿的天性，可以满足幼儿早期阅读、积累语言词汇的需要，从而为后期的语言表达在词汇、思维和情感方面打下牢固的基础。

②绘本跟读、复述单元有利于提高幼儿语言表达能力。众所周知，幼儿的年龄小、喜欢表达。在进行电子绘本阅读的过程中，幼儿可以在父母、教师的帮助下使用跟读功能，模仿绘本语言，尤其是在此过程中学习生字，学习有感情的发音，从而在丰富幼儿情感的同时，让他们在阅读中感受快乐。与此同时，幼儿可以运用复述单元，将个人对绘本的理解进行再复述，让他们真正更为灵活地运用陌生词汇、词组，促进幼儿科学表达逻辑的形成，实现语言教学的高效性。

③绘本测试单元有利于提升幼儿表达的标准性。在完成绘本阅读后，教师或父母可以辅助幼儿运用绘本测试单元，让他们积极地进行绘本阅读成果测试。比如，幼儿可以通过测试发音的方式实现更为规范的发音；通过复述故事的方式，树立个人的语言表达逻辑；通过谈感受的方式，促进幼儿形成正确的价值观等。在实际测试的过程中，幼儿可以充分与电子绘本进行互动，比如在回答问题时，电子绘本会根据幼儿的回答，给予不同的互动形式，即发出震动，提示回答错误；播放轻松的音乐，提示回答正确等，以实现人机有效互动，达到提升幼儿表达标准性的目的。

（2）电子绘本在语言教学中的应用。在运用电子绘本开展语言教学的过程中，教师可以尝试从基础性语言表达和逻辑性语言表达两个角度入手，即制定具有层次性的语言指导方法，让幼儿一步一个脚印地进行绘本阅读，积累语言词汇，形成科学的语言表达思维，提升他们的综合表达水平。具体言之，笔者着重从如下两点切入。

　　①基础性语言表达。本部分中的基础性语言表达包括基本的词汇学习和良好阅读情感的形成。在基本词汇学习方面，教师可以引导幼儿运用电子绘本中的生字识读功能，并结合生字对应的图片，识读更多的生字。在此值得注意的是，关于生字，教师可以从读音、结构和字义三个角度入手。比如"人"字，教师可以引入绘本中"人"字出现的场景，并联系生活中人的具体形态，还可以解读"何谓人"，即从顶天立地进行介绍，让幼儿在阅读中具备最为基础的文字识读和辨别能力，促进幼儿基础表达能力的提升。

　　②逻辑性语言表达。将电子绘本运用在逻辑性语言表达的过程中，教师可以遵循"三遍论"原则。首先，开展一遍读。在第一遍阅读开始前，教师需要特别注意合理的导入，既要调动幼儿的好奇心，又要让他们积极投入到阅读中，一方面为后续阅读活动的开展，提供基本的认知基础，另一方面培养幼儿良好的阅读情感，使他们真正享受阅读的快乐。其次，开展二遍读。在进行二遍阅读的过程中，幼儿教师可以有意识地运用电子绘本，比如提出阅读问题、组织幼儿跟读相应的内容，让幼儿的二次阅读更具有方向性和精准性等。最后，开展三遍读。三遍读的目的是让幼儿对阅读的内容进行复述，并着重表达他们对阅读内容的看法。在幼儿进行复述的过程中，教师可以从如下两方面进行指导：一是句子的结构。教师可以针对幼儿在句子结构中出现的问题进行相应的指导，让他们掌握较为规范的句子结构。二是复述的逻辑。教师可以辅助幼儿梳理复述的逻辑，比如让幼儿运用相应的表达顺序的词语，即"第一""第二""第三"等。与此同时，教师可以引导幼儿思考前后之间的表达内容是否重复，让幼儿的表达更具有精练性。在对幼儿阅读内容看法的交流中，教师着重从培养幼儿情感和价值观两方面切入。在情感方面，教师着重从正向的角度进行评价，让幼儿树立表达的自信，使幼儿真正敢说，在拥有勇气的状况下，想说、能说，从而增强他们的心理素质，促进幼儿形成良好的表达情

感。在价值观方面，教师着重让幼儿表达个人的看法，并结合他们的表达，尤其是幼儿的主观看法，进行针对性指导，促进幼儿形成正确的价值观。

总之，在进行语言逻辑表达化的电子绘本语言教学中，教师遵循"三遍论"原则，首先让幼儿对绘本内容形成整体性认知，然后通过提问的方式，辅助幼儿进行故事的梳理，把握故事中的关键内容（比如跟读关键内容），最后，让幼儿进行绘本故事以及情感的叙述，并进行针对性指导，在促进幼儿形成良好阅读习惯的同时，让他们在与教师的互动中，逐渐掌握语言表达方式，增强他们语言表达的逻辑性。

2.语言教育类 APP

（1）语言教育类 APP 的应用意义

在本部分内容论述的过程中，笔者主要从如图 4-5 所示的内容，论述了运用语言教育类 APP 的作用。

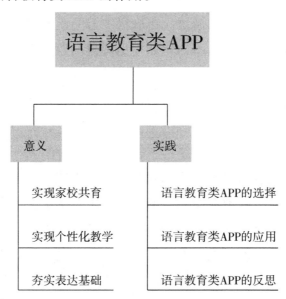

图 4-5　语言教育类 APP

①实现家校共育。在语言教学过程中，幼儿教师既要下载相应的

语言教育类 APP，从整体的角度管理本班语言教学状况，又要推荐家长下载语言教育类 APP，适时地以此 APP 为沟通形式，向家长推送幼儿的语言学习状况，尤其是在语言学习中的优势，适当提出幼儿在口语表达中的不足，联合家长的力量制定相应的口语教学策略，构建家校共育语言教学模式。

②实现个性化教学。教师可以运用此种软件，借助大数据的力量进行针对性的语言教学指导，以满足每一位幼儿的语言表达需求，并结合幼儿在表达中出现的问题进行针对性指导，制定符合幼儿兴趣和认知的语言教学方法，实现幼儿教学的精准化。

③夯实表达基础。在开展幼儿语言活动的过程中，教师不可能时刻关注每一位幼儿的学习。为此，教师借助此种软件可以通过多种方式、多各角度测试的形式，更为全面地了解幼儿的实际语言学习状况。重点是，教师可以了解幼儿在语言学习中的优势和不足，尤其是针对其中的不足提出具体建议。在实际落实上，教师可以运用此类 APP，提供个性化指导。比如，针对一些性格内向的学生，教师可以运用此种 APP 中的阅读功能，让他们在反复练习的过程中，积累更多的词语及句式，并鼓励幼儿进行配音，使他们在反复练习中培养出语感，并更加勇于表达个人看法，以此提高他们的表达能力。

（2）语言教育类 APP 的应用实践。在进行语言教育类 APP 的应用实践过程中，幼儿教师一方面需充分利用各个教育主体的力量，比如学生、家长等，另一方面则要结合幼儿的天性，设置不同的语言学习活动，还要结合《儿童学习与发展指南》中语言领域要点，灵活设置相应的语言教学课程，从而合理设置语言 APP 教学模式，真正让幼儿在语言表达的过程中获得心理素质的增强，促进他们综合语言表达能力的提升。具体而言，幼儿教师在开展语言教学活动中可以借鉴如下方式。

①语言教育类 APP 的选择。在进行实际选择的过程中，幼儿教师

需要考虑三大方面的问题。一是符合幼儿的身心发展规律。教师一方面可以从软件呈现的形式入手，比如图像的简洁性、直观性，另一方面可以从内容入手，即故事中的内容设置，此外还可以从人机互动切入，分析实际的人机互动与幼儿认知习惯的相符性，选择适合幼儿的语言教育类软件。二是与教师教学特点相贴合。幼儿教师在选择相应软件的过程中，需要分析此种软件是否有利于发挥个人的教学优势，是否与客观的教学条件相符合，从而灵活选择相应的教育类软件。三是与家长的实际生活、工作相贴合。在实际的语言类软件应用过程中，教师需要借助家长的力量，即构建家校共育的语言教学模式，实现语言教学的多主体参与性，促进整体语言教学质量的提升。

②语言教育类 APP 的应用。在语言教育类 APP 应用的过程中，教师需要考虑如下三个问题：一是如何使幼儿接受此种软件，提升此种软件的应用频率，做到"多听、多学、多说"。对此，幼儿教师注重选择互动性、趣味性强的教育类软件，一方面可以调动幼儿的兴趣，另一方面可以让幼儿进行"闯关式"的游戏化语言锻炼，实现"多听、多学、多说"的目的。二是如何促进"敢说爱说"教学目标的实现。在进行幼儿教学语言软件的选择中，教师除了要让幼儿在学习中掌握语言表达知识外，更应锻炼幼儿表达的勇气，让他们敢说，让他们爱说，并在教师的指导下，更为科学地表达。为此，教师在软件选择的过程中要坚持"三可性"，即可以听、可以看、可以保存，让幼儿记录个人最为自信的交流视频，并鼓励他们分享过程，促进幼儿表达自信心的建立。三是保证幼儿"说对说好"。为了达到目标，幼儿教师可以构建多主体性的评价模式，比如将幼儿、教师、家长纳入评价体系中，让三个主体进行针对性表达，从而更为全面地认知幼儿在表达中出现的问题，提出针对性的策略，促进幼儿语言表达能力的提升。

③语言教育类 APP 的反思。在实际语言教育类 APP 的反思过程中，幼儿教师可从整体的角度进行反思，一方面从教学过程入手，比如课

前教学方案制订、课中教学状况、课后教学反思等，另一方面则从其他主体分析，比如幼儿、教学方式等，准确找准影响语言教学的"症结"，提出针对性语言教学策略，并在反复运用、总结的过程中完成教学思维的升级，促进个人语言教学能力的提升。

3. 信息技术应用

在幼儿语言教学过程中，教师可以借助多种信息技术开展多样性的幼儿教学活动，让现代信息技术贯穿于幼儿教学的整个过程，激发幼儿语言学习的潜能，促进他们综合表达能力的提升。在实际的论述过程中，笔者以信息技术发展先后为时间轴，分别介绍不同信息技术形式在幼儿语言教学活动中开展的状况以及相应的注意事项，旨在为后续幼儿教师语言教学活动的开展提供一定的借鉴。具体言之，笔者着重从多媒体、交互式白板和 VR 技术三个方面入手，分别介绍幼儿语言活动开展的状况。

（1）多媒体在幼儿语言教学中的应用

①将多媒体应用在幼儿语言教学中的意义。第一，运用多媒体有利于兼顾语言教学的"学得性"和"习得性"。在幼儿语言教学过程中，部分教师往往不能平衡好语言教学"学得性"与"习得性"之间的关系，即将教学的主要力量放在让幼儿进行大量的记忆上，过于注重语言教学的"学得性"，忽视语言自身的"习得性"，造成幼儿在语言学习的过程中存在严重的抵触心理，使激发幼儿的学习能动性，让幼儿更为高效地掌握相应的语言表达技巧成了空谈。为此，幼儿教师可以尝试运用多媒体中的声音、图像等特性，构建在对话过程中需要的语境，让幼儿不自觉地融入其中，充分激发他们表达的热情，并让幼儿运用个人的多种感官及思维，最大限度地运用个人的本能，并从不同的角度进行交流，使他们真正在情景中、与他人的交流中掌握相应的表达技巧，以及在教师的指导下掌握相应的语言规范，从而真正在幼儿语言教学的过程中兼顾"学得性"和"习得性"，优化整个幼儿语言

教学，促进幼儿综合语言表达能力的提升，获得良好的多媒体语言教学效果。

第二，使用多媒体有利于平衡好语言本体学习与运用之间的关系。在幼儿语言教学过程中，教师需要正确处理好"教知识"和"用知识"之间的关系，一方面要让幼儿积累必要的语言知识，为后续的交流提供词汇和语法，另一方面要为幼儿提供足够的运用语言知识的时间和空间，即合理控制一堂语言授课的理实比例，让幼儿"有所学""有所用""有所得"。为了达到这种效果，教师可以将多媒体技术应用在知识的讲解上，尤其是语言知识的讲解上，使幼儿掌握后续交流过程中必须掌握的语言知识。此外，教师还要让他们在多媒体中进行知识的运用，比如，在讲授"家庭成员"的内容时，教师可以运用多媒体让幼儿掌握家庭称谓以及需要用到的句式，或者运用多媒体布置相应的场景，让幼儿融入此种场景中，不自觉地张口表达，为他们知识的运用创造舞台，让他们在学习和运用语言的过程中增强综合表达能力。

第三，有利于个人教学优势与多媒体技术的"强强联合"。在开展幼儿语言教学的过程中，教师可以摆脱传统的"唯技术论"思维，在了解多媒体技术优势与特点的基础上，将其与个人的教学优势进行联合，以实现语言教学效率的提升。具体言之，针对一些喜欢与幼儿进行互动的教师，他们可以运用多媒体设置多种形式的互动场景，并及时进行"救场"，即在人机互动得不到理想效果时，可以切换至"人工"互动教学模式，一方面减轻教师的劳动量，构建具有趣味性的口语教学环境，另一方面可充分发挥教师的教学优势，提升整体的语言教学效率，获得良好的信息技术语言教学效益。

②幼儿教师应用多媒体开展语言活动的原则。"没有规矩，不成方圆"。在开展多媒体性质的幼儿语言教学过程中，教师为了最大限度地发挥多媒体教学的优势，需要遵循多媒体教学规律，将多媒体语言教学的效益发挥到最大化。具体言之，教师在运用多媒体开展语言教学

时，需要注意如图 4-6 所示的三个原则。

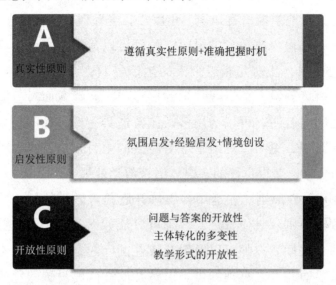

图 4-6　应用多媒体开展语言活动的原则

一是真实性原则。在使用多媒体开展语言教学的过程中，教师首先要遵循真实性原则，即引入最为接近幼儿生活的场景，从而最大限度地降低幼儿了解多媒体常见的思维，让他们最为直观地理解多媒体中营造的场景，激发他们的表达欲望。与此同时，教师需要准确把握幼儿融入情景的时机，既要让他们在兴趣最浓时学习语言知识，又要让他们获得语言交流的方法，为整体幼儿语言教学赋能。

二是启发性原则。在幼儿语言教学过程中，教师需要注意语言教学的启发性，让幼儿在教师的指导下掌握相应的语言表达技巧。究其原因在于，部分幼儿在语言学习的过程中存在已经掌握的语言部分和未曾掌握的语言部分。为了打破这两种界限，让幼儿真正学习已有语言知识之上的新知识，教师需要进行启发，打破旧有知识，建立新知识，从而促进幼儿综合语言表达能力的提升。具体言之，教师可以运用多媒体进行如下角度的语言启发：角度一，氛围启发。为了让幼儿更为直观地学习语言知识，激发他们的表达灵感，教师可以使用多媒体营造相应的氛围，让幼儿根据这种氛围建立与个人已有认知的连接，从而更为直观地掌握语言知识。角度二，经验启发。以角色扮演为例，为了让幼儿获得扮演角色的灵感，教师可以运用多媒体播放与角色扮演相关的视频，让幼儿联想个人的生活经验，获得扮演角色的灵感。角度三，情境创设。在语言教学的过程中，教师在面对一些无法运用语言阐述的内容时，可以运用多媒体营造具有形象性的场景，让幼儿真正融入其中，更为直观地了解对应性的语言知识，实现现有认知向新认知的迁移，获得良好的多媒体语言教学效果。

三是开放性原则。在运用多媒体开展语言教学的过程中，教师可遵循开放性原则。具体言之，教师可以从如下几点切入。首先，问题与答案的开放性。教师可以设置开放性的问题，让幼儿从不同的角度探究，只要幼儿言之有理即可。这种开放性问题设置的优势在于：幼儿可以充分发挥想象力，结合多种因素进行表达，比如生活经历、灵感等，在获得教师的帮助下可以自由表达，以获得语言表达能力的提升。其次，主体转化的多变性。在语言教学过程中，教师可以借鉴翻转课堂的方式，即实现教学主体的翻转，让幼儿担任"小教师"，让教师担任"学生"，认真聆听幼儿在语言学习中的思路，并提出相应的问题，让幼儿在解答疑问的过程中，更为全面地掌握语言知识。最后，教学形式的开放性。在幼儿语言教学过程中，教师需要摆脱传统的"千篇一律"的授课思维，构建具有开放性、信息化的语言环境，比如构建游戏式对话场景、小剧场式对话场景等，让幼儿在不同的场景下综合运用个人具有的语言知识，促进他们语言表达能力的提升。

③多媒体在幼儿语言教学中的实际应用。在实际的语言教学过程中，教师可以结合实际的授课内容灵活运用多媒体，实现语言教学的趣味化，让幼儿在潜移默化中获得语言表达能力的提升。以讲授自然现象为例，在进行此部分内容的授课过程中，教师可使用多媒体展示云的形成、云在风的作用下的各种形态、成云致雨的整个过程，让幼

儿通过多媒体了解整个过程。与此同时，教师鼓励幼儿自行组织语言，表达上述过程。为了让他们更为全面和科学地表达此部分内容，教师可以运用多媒体制作思维导图，让幼儿根据导图进行具体的语言表达，使他们的表达更为接近自然现象的变化规律。在此之后，教师可以运用多媒体对幼儿语言表达的结果进行打分，并给出针对性的见解，从而让幼儿可以更为精准地纠正表达中的错误，促进整体语言教学水平的提升。

（2）交互式白板在幼儿语言教学中的应用

①将交互式白板运用在语言教学中的意义。第一，激发幼儿参与语言学习的热情。交互式白板在激发幼儿参与语言学习热情方面有如下表现：首先，增强课堂趣味性。教师通过交互式白板可以与幼儿进行实时互动，在获得教师肯定以及其他小朋友赞美的过程中，更为积极地进行多元化的表达，从而有利于引起更广泛的幼儿讨论，使他们真正享受语言交流的乐趣，让他们在表达中思考，以此提升他们的口语表达能力。其次，构建幼儿本位的语言活动。在进行语言教学的过程中，教师可以运用交互式白板组织幼儿进行配音练习，让他们结合白板中的图片，联想个人扮演角色的"台词"，给予幼儿一段时间的锻炼，让他们真正在表演中感受到独立思考、解决语言学习问题的快乐，获得良好的语言教学效果，真正打造以幼儿为本的语言活动。总之，教师在开展语言教学过程中，可以多角度地运用电子交互白板，开展多种形式的语言教学，从而在调动幼儿语言学习兴趣的同时，让他们真正成为语言活动的主人，自主解决语言学习中的问题，在感受白板互动趣味性的同时，提升幼儿的综合表达水平。

第二，提高幼儿的语言感知能力。语言感知能力即从感性的角度理解语言的能力。在幼儿教学过程中，教师需要树立学生本位的思想，从幼儿的角度运用信息技术开展语言教学，让幼儿更为直观地理解相应的语言知识。具体言之，教师可从如下角度切入：首先，氛围营造。

在进行对话的过程中，教师需要设置相应的对话场景，让幼儿融入其中，并结合个人的语言积累，进行多样性的表达，促进幼儿形成个人独有的表达思维。其次，情景设置。为了让幼儿更为直接地感受语言背后的深刻含义，教师可以转变原有的"解释性"思维，运用多媒体展示不同的情景，让幼儿结合这些感性的情境，连接相应的内容，比如运用个人的生活体验理解情境中主人公的情感，促进幼儿语言感知能力的提升。最后，情境双设。为了提高幼儿对文字和对话内容的敏感性，教师可以从氛围和情感两个角度入手，一方面设置直观性的情景，让幼儿更为直接地理解相应的对话内容，另一方面设置具有感染力的情景，即触动幼儿的内心情感，让他们在理解情景的同时，积极地用心表达。通过从氛围、情景、情境方面，教师旨在降低语言学习的坡度，让幼儿结合个人的生活经历和体验，从不同的角度感知语言、表达语言，促进幼儿语言综合表达能力的增强。

第三，增强幼儿的语言运用能力。幼儿的语言运用能力主要体现在现实生活和虚拟场景中。就虚拟场景而言，教师可以构建开放性的语言问题，比如让幼儿将个人想象成一滴水，并联想飞到大森林中的种种场景，让幼儿去思考、懂思考，将思考的过程放到具体实践中。就现实场景而言，教师可以组织多种现实性的语言活动，比如让幼儿和其他幼儿、教师、学校的其他工作人员进行对话，使他们在语言知识的运用中获得综合表达能力的提升。

②交互式白板在幼儿语言教学中的注意点。第一，结合教材、幼儿表现和白板特点，优化语言互动教学过程。在使用白板开展语言教学的过程中，教师需要综合考虑各个元素，实现语言教学过程中的优化，促进整体语言教学质量的提升。在实际的落实上，教师需要考虑教材、幼儿表现和白板特点三个因素。在教材方面，幼儿教师首先需要明确语言教学的目标是什么？并思考如何运用教材达到相应的教学目标。与此同时，教师需要深入研究教材内容，并将这些内容与幼儿

的生活、认知和兴趣点构建衔接，实现初层次的交互式白板语言教学。在幼儿表现方面，教师一方面需要了解各个年龄阶段幼儿的性格特点、思维特点，另一方面需要深入分析幼儿的兴趣点，并在此基础上灵活选择幼儿最为感兴趣的方式，以实现白板教学方式与幼儿之间的连接。在白板特点方面，幼儿教师要深入研究白板的特点，比如多种功能（白板中的复制、旋转、照相机、音频库、聚光灯、输入、放大镜等），以促进幼儿语言教学的顺利开展。在实际的语言教学过程中，教师可以运用白板中的快速输入和复制粘贴功能实现对幼儿语言表达的快速记录，通过大数据捕捉全班幼儿在语言表达中的个性和共性问题，并进行针对性指导，促进综合语言表达能力的提升。

第二，使用交互白板，构建自主探究空间，打开幼儿语言表达大门。在语言教学过程中，教师可以让幼儿对语言学习中的问题进行分类，比如划分成掌握的部分、未掌握的部分和似懂非懂的部分，并着重组织幼儿对似懂非懂的部分进行讨论，让他们在相互交流的过程中寻找解答语言问题的答案，获得良好的语言教学效果。以阅读电子绘本为例，在运用绘本开展语言教学的过程中，教师可以让幼儿自主阅读绘本，并运用电子笔记录阅读的结果，可以看懂的部分用"√"标识，似懂非懂的部分用"？"，完全不懂的部分用"×"，真正让幼儿的绘本阅读具有方向性。此后，教师可以根据对幼儿阅读水平的理解，构建小组式的绘本教学模式，让他们探讨这些似懂非懂的部分，真正使他们在讨论的过程中激发彼此的灵感和表达欲望。更为重要的是，教师可以组织各个小组派代表分享本组的讨论成果，形成更大范围的交流，打开幼儿语言表达的大门，提升整体幼儿的语言表达水平。

第三，运用交互式白板，提升幼儿与教师之间语言互动的高效性。本书中提到的交互性主要是指幼儿可以通过亲子操作，实现与教师之间的有效互动，促进语言教学的高效进行。就具体操作而言，幼儿教师可以引导幼儿掌握如下的白板操作，即镜像、旋转、拷贝和拖动，让幼儿通过上述操作展示个人的想法，为师生之间、生生之间的有效沟通创造条件。比如，为了锻炼幼儿的语言表达能力，教师可以绘画教学为媒介，让幼儿在绘画的过程中展示个人的看法，并运用语言进行表达，使他们运用镜像、旋转、拷贝等功能设计画面，并向教师传递这些画面，从而使他们真正在与教师的交流中获得表达能力的提升，获得良好的语言教学效果。

③列举在幼儿语言教学中交互式白板的应用。在运用交互式白板的过程中，教师引入耳熟能详的故事，即《乌鸦喝水》。在论述此故事的过程中，教师运用交互式电子白板，将抽象的知识转化成形象情景，从而最大限度地吸引幼儿的注意力，让他们在学习知识的过程中思维更为发散，从不同的角度探究相应的问题，进行立体化表达，提升自身的综合表达能力。与此同时，运用交互式白板的作用还在于：教师可以为幼儿提供一个轻松、愉悦的环境，让幼儿更为轻松地表达个人的看法，促进幼儿表达思维的发散、迁移，提升他们的综合语言表达能力。在实际运用白板开展语言教学的过程中，教师着重从如下三大步骤入手：

第一步：导入故事。在故事导入的过程中，教师在交互式白板上展示一只乌鸦，并与幼儿进行积极互动："它的名字是什么？谁可以分享一个关于乌鸦的故事？说一说乌鸦在你心中是什么样子的？"通过与幼儿进行互动，教师让他们充分表达看法，并在白板上写出关于乌鸦性格的词汇。通过运用课堂导入，教师完成教学的"预热"，即在吸引幼儿注意力的同时，顺利实现下一阶段的语言教学。

第二步：阅读故事。在阅读故事的过程中，教师考虑到幼儿并不具备识读生字的能力，因此将实际的阅读内容转化成视频，让幼儿通过观看视频的方式，回答如下问题。在实际问题提出的过程中，教师在白板上设置相应的语音问题，并让幼儿采用录音的方式回答问题。在此，教师对提出的问题进行文字化介绍：

问题一：乌鸦找水喝容易吗？它去哪些地方找水了？找到水了吗？

问题二：乌鸦在哪里发现水了？它是如何喝到水的？你可以运用自己的语言描述乌鸦喝水的整个过程吗？

在提出上述问题后，教师让在白板上回答，并录制相应的回答音频。通过运用交互白板，教师发现大部分幼儿可以回答上述问题。如幼儿一说："乌鸦喝到水的过程非常不容易。它几乎找了所有可以找的地方。最终，乌鸦找到了水，发现水在一个又窄又细的瓶子中。它喝水的方法是，将石子一粒粒放到水杯中，随着液面的上升，乌鸦便可喝到水了。"通过倾听幼儿的录音，教师发现本班的大部分幼儿可以轻松回答此问题。

第三步：编写故事。在大部分幼儿完成上述任务后，教师再次制作音频问题，让幼儿回答，并结合他们的回答进行针对性引导。在此，教师对设置的问题进行文字化介绍。

问题一：假如你是小乌鸦，你会如何喝到细口瓶中的水？

问题二：你在现实生活中会如何喝到细口瓶中的水？

问题三：请采用录音的方式，记录个人的答案，适时地对后续的故事进行编写。

问题四：通过阅读这个故事，给你最大的启示是什么？在以后遇到困难时，你会如何做？

提出上述问题后，教师会给幼儿10分钟的时间，让他们进行思考，并将最终的答案以录音的方式进行传达。更为重要的是，教师鼓励幼儿通过在交互式白板上进行绘画的方式回答上述问题。在此，教师使用文字，对幼儿的表达进行介绍。

幼儿二说："假如我是小乌鸦，我会将细口瓶放到一个小坑的旁边，并将这个细口瓶放倒，让水流到小坑中。我可以通过小坑喝水。"

幼儿三积极地在交互式白板上说："在现实生活中，我想到的方法是用一根吸管吸水。"

幼儿四在上一位幼儿回答结束后，积极地说道："小乌鸦在面对困难时并没有逃避，而是积极地面对，这给我的启示是在日后的生活中，我们需要直面困难，在拥有勇气的同时，更需要积极地想办法。"

总之，在开展交互式白板的口语教学过程中，教师可以充分运用此种教学方法的互动性，在与幼儿进行针对性沟通的过程中，调动幼儿解决问题的热情，使他们在实际的思考过程中，寻求更多解决问题的方法，并运用个人的语言进行描述，从而在提高幼儿思维能力的同时，促进综合语言表达能力的提升。

第三节　信息技术与幼儿语言指导教学整合的新方式

本节中的信息技术与幼儿语言指导教学整合的新方式是指通过 VR 技术对幼儿语言教学进行整理。接下来笔者着重从 VR（虚拟现实）技术的定义、VR 技术在幼儿语言教学中的应用意义和 VR 技术在幼儿语言教学中的应用策略三个方面进行论述。

一、VR 技术的定义

（一）VR 技术的概念

随着虚拟现实技术的不断完善，其应用于教学已成为大势所趋。VR 技术是一种仿真系统，即一种虚拟环境。此种技术是多种技术的综合性集成，包括网络技术、传感技术、多媒体技术、人机接口技术、计算机图形学和仿真技术等。

（二）VR 技术的构成

VR 技术由四部分构成，笔者在此做简要介绍。

1.传感技术

传感技术包含语音输入/输出技术、网络传输技术、立体声技术、触觉反馈技术与力反馈技术、跟踪技术（跟踪观察者的手、头、眼）、立体显示技术、计算机三维图形技术等多种技术。

2.人工智能技术

具体言之，计算机根据参与者的动作数据，比如通过搜集参与者的各种行为动作（眼睛、手势、头部等），准确判断他的意图，并将这些动作数据再次返回到参与者的五官中，实现情景模拟化的展示。

3.感知技术

感知技术是一种高级的人工仿真技术。感知技术利用传感器可以对各种感觉进行感知，如嗅觉、味觉、视觉、触觉、听觉等。

4.环境模拟技术

环境模拟技术可以对现实情境进行逼真化展示，所模拟的情境具有真实性、动态性。

二、VR 技术在幼儿语言教学中的应用意义

（一）弥补性与安全性兼顾

幼儿教师在语言教学过程中可以融入 VR 技术，一方面可以保障幼儿在语言学习中的安全，另一方面可以弥补现阶段语言教学的不足。具体言之，在安全性方面，幼儿可以通过融入虚拟的环境，获得与真实场景一样的感觉，避免在现实场景中可能出现的危险，以保障教学活动的安全性。在弥补性方面，教师可以运用虚拟技术弥补传统语言教学中场景营造不足的问题，即通过多种手段营造相应的场景，其具体的手段包括主题以及色彩选择、播放音乐、营造多种自然现象，构建出十分接近真实的场景。

（二）自主性与针对性并存

在开展幼儿语言教学过程中，教师可以将 VR 技术融入其中，以增强语言教学的针对性和自主性。

具体言之，在针对性方面，教师可以结合具体的语言教学需要，从情境设置、语言教学方式等多角度入手，针对某个场景进行语言教学，提升语言教学的有效性。比如，在进行"天气类"语言教学的过程中，教师可以使用 VR 技术模拟所学情景，并让幼儿融入相应的情景，进行针对性的语言学习，比如通过感受模拟场景中的乌云、大风，判断大雨的到来。在自主性方面，教师可以为幼儿提供各种语言对话的场景，让幼儿灵活选择，实现与虚拟机器人的无时空对话，激发幼儿自主学习语言的潜能，使他们真正在此过程中感受语言学习的乐趣，在机器人的引导下，幼儿逐步掌握相应的方法，促进语言综合表达能力的提升，增强幼儿语言学习的自主性。

（三）开放性与仿真性并举

本节中阐述的 VR 技术的开放性表现在幼儿教师在开展语言教学的过程中，可以不受任何时间、空间的局限，随时随地进行幼儿教学。与此同时，VR 技术的开放性还体现在语言教学内容和形式的开放性上。在语言教学内容的开放性上，教师一方面可以选择规定的语言教学内容，另一方面可以从生活着眼，构建相应的生活化场景，让幼儿不自觉地融入相应的场景中进行交流，促进幼儿语言表达能力的提升。在语言形式的开放性上，幼儿教师可以选择多种语言授课场景，比如生活化场景、问题化场景、社交场景、对话场景等，让幼儿融入不同的场景中，进行相应语言的训练，促进他们语言综合表达能力的提升。

三、VR 技术在幼儿语言教学中的应用策略

（一）VR 技术在幼儿语言教学中的应用活动类型

本段中的活动类型大体分为两类：第一类是专门性的语言教学活动；第二类是渗透性的语言教学活动。在开展深入语言教学活动的过程中，教师需要合理划分语言类型的不同，并在此基础上灵活选择相应的授课方式，从而真正构建出具有丰富性的授课场景，让幼儿的语

言表达能力获得全面提升。

1.专门性的语言教学活动

为了更为直观地展示专门性的语言教学活动，笔者从图4-7所示的三方面内容进行论述，并在此基础上，更为直观地进行具体论述，从而为后续教学的执行提供指导。

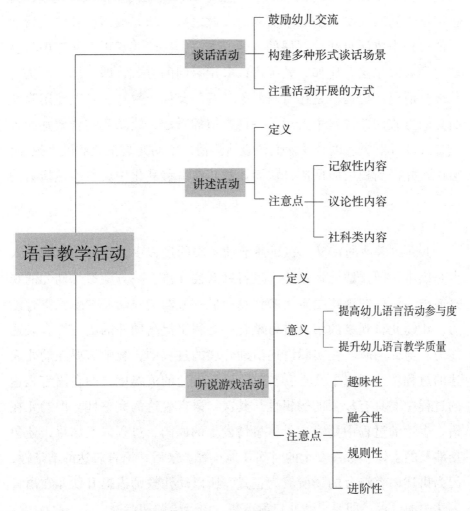

图 4-7　专门性的语言教学活动

（1）谈话活动。谈话活动的执行要点是让幼儿谈，即鼓励幼儿进行交流，让他们结合对应的场景，进行针对性的交流，真正让幼儿有表达的欲望、有交流的勇气、有交谈的机会、得到积极的回应，并让幼儿在表达的过程中展示个人的想法。与此同时，在实际的活动开展中，教师需要考虑幼儿的思维方式以及成长环境的特殊性，并在此基础上，构建多种形式的谈话场景（注意结合幼儿的生活及兴趣），真正满足不同幼儿交流的心理需求。在此之后，幼儿教师在开展谈话活动的过程中要注重活动开展的方式、方法，让幼儿真正在交流中学会表达个人的想法。比如，教师可以采用提问的方式，即"你的看法是什么？请想一想是不是还有新的想法？"又如，教师还可以使用隐性引导的方式，即说出个人对某一件事情的看法，让幼儿结合教师的表达方式进行模仿，以激发他们的表达热情，使幼儿真正地敢说、想说、会说，并得到积极的回应，从而让幼儿在潜移默化中获得表达能力的提升。

（2）讲述活动

①讲述活动的定义。在讲述活动开展的过程中，教师主要的切入点是绘本，即让幼儿运用绘本进行针对性交流，一方面锻炼幼儿的观察能力，让他们观察绘本中的信息，另一方面增强幼儿的思维整合能力，让幼儿将观察的信息进行整合，有利于提高幼儿的语言综合表达能力。与此同时，在实际讲述活动开展的过程中，教师需要在幼儿表达的过程中注意以下几点：首先，语句表达的流畅度，即在语言表达的过程中要具有较强的逻辑性。其次，语言表达的完整性，即幼儿在语言表达的过程中要表达具体事情发生的原因、过程以及结果，还包括涉及的主体、事件发生的时间及地点等。最后，语言表达的清晰性，因为讲述内容涉及的场所较为正式，所以幼儿教师需提升幼儿在语言表达中的要求，即要求幼儿口齿清楚、语音语调和谐等。

②讲述活动的注意点。在讲述活动注意点的过程中，笔者着重从讲授活动的类型入手，对幼儿进行针对性的引导。具体如下。

针对记叙性的内容，教师可以对幼儿做出如下引导：首先，介绍事件——什么事情？地点——在哪发生的？人物——都有谁？其次，介绍事件发生的起因、经过和结果。最后，为了让幼儿更为直观地进行上述内容的讲述，教师可以制作具有趣味性的思维导图，让幼儿结合相应的内容进行具体论述。

针对议论性的内容，教师可以做出如下引导：首先，整体复述事件。其次，重点叙述事件。教师可以让幼儿重点叙述个人印象最深的部分。最后，进行个性化议论。幼儿议论的内容是此部分的重点。在论述此部分内容的过程中，教师可以重点让幼儿叙述所思所想，并结合他们的想法进行针对性指导，从而在让他们表达更为规范的同时，促进幼儿正确价值观的塑造，获得良好的语言教学效果。

针对社科类的内容，教师可以引导幼儿从实际顺序入手，进行相应事件的介绍，比如运用相对简单、标识逻辑的连词，即"第一""第二""第三""第四"等，让幼儿在讲述相应事件的过程中更具有逻辑性。

（3）听说游戏活动

①听说游戏活动的定义。听说游戏是一种最为常见的语言教育活动。开展此种活动的目的是让幼儿通过游戏的方式，一方面获得语言表达能力的提升，另一方面获得倾听能力的提升。此种游戏活动是让幼儿在感受游戏趣味性的同时，逐步掌握相应的表达技巧，促进他们语言综合表达水平的提升。

②听说游戏活动的意义。幼儿教师通过开展听说游戏活动可以达到如下两方面的效果：一是提高幼儿语言活动的参与度。通过开展听说游戏活动，教师可以充分借助幼儿爱玩的天性，让他们更为积极地投入到语言游戏的学习过程中，提升整体的活动参与度。二是提升幼儿语言教学质量。教师在开展听说游戏活动的过程中，要增强游戏与语言教学内容的衔接，让幼儿在反复游戏的过程中强化对语言知识的

记忆和运用，并在此过程中夯实幼儿语言表达技巧，实现听说游戏活动的有效进行。

③听说游戏活动的注意点。在开展听说游戏活动的过程中，教师需要遵循如下四点原则。

一是趣味性。在设定游戏活动的过程中，教师需要从幼儿喜爱游戏的天性出发，在展现游戏时给幼儿眼前一亮的感觉，最大限度地利用好课前"黄金三分钟"，为提升幼儿语言活动的参与性创造前置条件。

二是融合性。在开展语言活动的过程中，教师需要构建游戏活动与语言教学内容之间的连接，让幼儿一边游戏，一边学习语言知识，使他们在寓教于乐中感受语言学习的乐趣，促进幼儿综合语言表达能力的提升。

三是规则性。在开展游戏活动的过程中，教师为了保证游戏的公平性及平等性，构建游戏规则与语言知识点之间的联系，需要设置相应的规则，在实现游戏顺利进行的同时，提高幼儿的发言频率，使他们在游戏中获得语言综合表达能力的提升。

四是进阶性。为了进一步激发幼儿的语言表达热情，教师在教学过程中应注重教学的阶段性，即涉及进阶性的规则，让幼儿在相互竞争，以及与自我比较的过程中不断进行多种方式的表达，从而提升幼儿的综合表达水平。

2.渗透性的语言教学活动

（1）日常交往活动

①日常交往活动的定义。在幼儿语言教学活动中，教师可以组织幼儿进行日常交往活动，即在活动内容的选择上，可以从幼儿的日常生活切入，既让他们掌握相应的基本生活常识，又能锻炼幼儿的口语表达能力，达到"一箭双雕"的教学目的。

②日常交往活动的注意点。在实际开展日常交往活动的过程中，

教师一方面要考虑幼儿的实际生活，另一方面应为他们提供足够的条件，让他们积极表达，并给予对应的指导，让幼儿能够在不同的场景中进行针对性表达，以此促进他们综合表达能力和生活能力的双重提升。

（2）常规主题活动

①常规主题活动的定义。通过开展常规主题活动，教师可以围绕某一个话题开展对应性的活动，让幼儿结合个人的兴趣进行选择，真正让幼儿在此过程中运用个人的语言积累进行表达，以提升幼儿的综合表达水平。

②常规主题活动的注意点。在实际开展主题活动的过程中，幼儿教师需要考虑如下问题：一是主题的选择。教师既要结合幼儿的爱好，又要保证语言教学的实效性，使幼儿在享受交流乐趣的过程中，掌握更多的语言技巧，促进他们综合表达能力的提升。二是表达的形式。在开展语言主题的过程中，教师为了让更多的幼儿融入相应主题的探究中，可以设置不同的表达形式，比如情景剧表演、诗朗诵、小品等，以满足不同幼儿的表演需要，让他们结合个人的优势进行表演，促进幼儿综合语言表达能力的提升。三是开展的规则性。在开展语言主题活动的过程中，教师需要遵循相应的规则。首先是经验性原则。教师需要尊重幼儿的生活经验，即让幼儿从个人的生活经验入手组织相应的主题表演活动。其次是配合性原则。在开展主题活动的过程中，教师一方面要为幼儿提供充足的思考空间，另一方面要结合幼儿在语言表达中出现的问题给予必要的指导，并在相互讨论和实践的过程中，促进语言主题活动的顺利开展，从而在提升幼儿教师语言教学能力的同时，增强幼儿的综合表达能力。

（3）区域活动

①区域活动的定义。区域活动是指以幼儿教育目标为指导，以针对性区域建设为方式，以对应材料投放为手段，以促进幼儿个性化发

展为目的的幼儿教学活动。值得注意的是，在构建区域活动的过程中，教师需要结合幼儿的年龄设置不同的区域活动类型。

②区域活动的类型。笔者将区域活动类型分为三种，即主题区域、特色区域、常规区域。主题区域通常借助某种主题进行针对性材料的布置，让幼儿在自主实践的过程中实现相应的主体目标。特色区域主要凸显的是幼儿园的独特性，即遵循"人无我有，人有我精"的建设原则，突出幼儿园的特色。常规区域是在幼儿园中最为常见的活动区域，包括运动区、感官操作区、角色游戏区、表演区和建构区。

③区域活动构建的注意事项。在构建区域活动的过程中，教师需要注意如下事项。一是材料的投放。在材料投放的过程中，教师需要材料具有艺术性、安全性、动态性、探究性、趣味性和丰富性。二是活动的指导性。在区域活动开展过程中，教师既要为幼儿提供充足的思考和实践空间，又要结合幼儿在区域活动的表现给予必要的指导，并让幼儿在区域活动的过程中积极地进行表达，使他们借助实际的区域活动，实现词汇的丰富，获得语言表达能力的提升。三是活动的规则性。教师在开展区域性活动的过程中，应注重设置相应的规则，即通过不同形式的规则设置，让幼儿更为规范地进行区域性活动。常见的规则形式有提醒法、图示法、暗示法。

总之通过构建区域活动的方式，教师为开展幼儿的语言活动创造了更多条件，不仅让他们融入相应的活动中，而且还使他们在活动的过程中学会表达，掌握相应的沟通方式，促进幼儿综合表达水平的提升。

（二）VR 技术在幼儿语言教学活动中的应用原则

如图 4-8 所示，为了更为直观地呈现 VR 技术在语言教学活动中的原则，笔者注重运用图示的方式进行总结式介绍，并在图示的下方进行详细化介绍，希望可以为广大幼儿教学从业者提供借鉴。

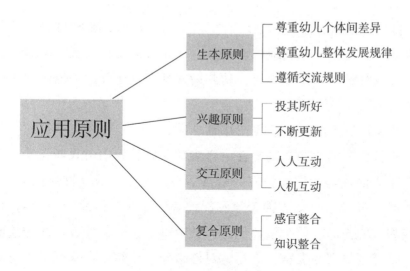

图 4-8 VR 技术应用原则

1.生本原则

在幼儿语言活动开展的过程中，教师需要遵循生本原则，即以幼儿为中心开展相应的语言教学活动，一方面尊重幼儿个体之间的差异，增强幼儿活动开展的多样性，另一方面尊重幼儿整体发展规律，即从幼儿的性格、兴趣等多种因素入手，构建相应的幼儿语言活动。在实际的活动开展过程中，教师需要真正将幼儿看成是整个活动的主体，让幼儿通过不同的形式，比如个体探究或是集体协作，促进最终问题的解决。重要的是，教师更为注重幼儿之间的交流，尤其是要遵循相应的交流规则，实现交流的顺畅性。比如，在具体交流规则的制定上，教师提醒幼儿不要针对一个观点进行重复性的论述，使他们真正在表达个人看法的过程中进行有意识的甄别，从而使他们在潜移默化中获得综合表达能力的提升。

2.兴趣原则

将 VR 技术引入幼儿语言教学过程中，教师需要遵循趣味性原则，充分调动幼儿的好奇心，让他们真正融入其中，并进行针对性交流，以促进幼儿综合表达能力的提升。具体言之，教师可以从如下两点入手。

　　首先，投其所好。在进行语言教学的过程中，教师可以从幼儿的兴趣入手，比如引入相应的动画片，让幼儿为角色配音。又如，设置具有趣味性的语言游戏等，让幼儿融入其中，充分锻炼他们的综合表达能力。

　　其次，不断更新。教师在开展语言活动的过程中应该遵循"苟日新，日日新"的原则，既要在语言活动开展过程中引入新元素，又要结合个人的优势，构建相应的语言活动。比如，部分教师在运用 VR 技术时，可以结合个人善于绘画的优势，让幼儿扮演绘画者的角色，完成相应的作品。更为重要的是，教师可以让幼儿发表具体的绘画看法，并结合他们的发言，进行针对性指导，让幼儿在获得正确绘画思维的同时，促进他们综合语言表达能力的提升。

　　3.交互原则

　　本部分中的交互原则涉及两方面的内容，即人人互动和人机互动，两者的关系是以人人互动为主，以人机互动为辅。

　　（1）人人互动。笔者主要从师生互动和生生互动两个角度介绍。在师生互动方面，教师可以通过多种方式与学生进行互动，比如通过动作（轻拍幼儿的肩膀、头部；向幼儿露出微笑，或点头），或借助问题，即向幼儿提出问题，促进语言教学活动的开展。在生生互动方面，教师可以组织幼儿之间针对同一问题进行深入探讨，组织他们运用不同的协作方式，如讨论的方式、实践的方式等，让他们在解决相应问题的过程中懂得彼此协作、相互交流，从而促进幼儿语言表达能力的提升。

　　（2）人机互动。本部分中的人机互动包含两方面内容：一是幼儿与虚拟人物互动。在进行语言对话的过程中，教师可以运用专业的 VR 设备，如让幼儿佩戴头盔式的 VR 设备，与设备中的虚拟人物进行对话，并融入相应的场景中，实现人机互动，并获得相应的语言训练，促进幼儿语言表达能力的提升。二是幼儿与虚拟场景互动。幼儿教师可以运用 VR 虚拟技术营造虚拟化的场景，即将二维空间转化为三维空间，增强虚拟环境的沉浸感、体验感和真实感，让幼儿融入模拟的场景中进行交流，从而更为全面地刺激幼儿的各种感官，让幼儿综合搜集、整理各方面的信息，以此促进幼儿综合表达能力的提升。

　　4.整合原则

　　整合性原则包括横向整合和纵向整合两个方面。在运用 VR 技术进行横向整合的过程中，教师可以综合各个方面的因素。

　　（1）感官整合。幼儿教师可以构建多元化场景，触动幼儿的多种感官，让他们运用多个感官，在最大范围内搜集相应的信息，进行针对性表达。比如，教师可以运用 VR 虚拟技术营造不同季节的场景，让幼儿佩戴 VR 设备进行针对性季节的猜测，使他们充分运用各种感官搜集、整合信息，得出答案。更为重要的是，教师可以让幼儿运用语言表达整个推理过程，以此增强幼儿语言表达的逻辑性。

　　（2）知识整合。在进行幼儿语言教学活动的过程中，教师需要重视知识整合，即在同一活动中引入不同的知识，充分激活幼儿头脑中的各种生活常识，并进行针对性问题的解决。与此同时，为了促进幼儿知识的整合，教师在实际的语言教学活动中，一方面可以设置综合性的问题，从不同方向入手激活他们头脑中的知识及常识，另一方面可以构建小组合作语言教学场景，让幼儿通过交流的方式，结合个人的思维认知从不同的角度分析问题，实现知识的综合，促进问题的解决，从而在增强幼儿思维逻辑能力提升的同时，让他们的语言表达更具有说服力。

　　（三）VR 技术在幼儿语言教学中的应用策略

　　在开展幼儿语言教学活动的过程中，教师可以开展体验式的授课模式，并着重从情景创设入手，让幼儿真正融入其中，以调动他们头脑中的各种知识和生活常识，通过对话的方式解决场景中的问题，促进幼儿综合表达能力的提升。在实际执行的过程中，幼儿教师可以借鉴如下三点。

1.构建职业体验类的语言谈话活动模式

在开展语言活动的过程中，教师可以结合幼儿的喜好，向他们推荐适合的场景，比如销售场景、社交场景、学习场景等，让幼儿融入其中进行针对性交流，并让幼儿在这种新奇的场景中感受语言活动的乐趣。具体言之，教师在开展谈话类的语言教学活动中可以让幼儿佩戴 VR 技术设备，自主选择对应的场景，进行针对性的谈话活动，使他们在感受此种新奇的场景中，提升个人的语言表达水平。为了让幼儿掌握购物的技巧，教师使用 VR 技术，构建对话场景，让幼儿佩戴VR 设备与内部的虚拟人物进行对话，以增强他们的语言表达能力。教师在此使用文字，对一位幼儿的表现进行文字介绍：

幼儿说："这个水彩笔多少钱？"

机器人说："十元钱！"

幼儿说："给你十元钱！"

机器人说："谢谢！"

通过构建职业体验类的语言谈话活动，教师让幼儿扮演购买者的角色进行针对性谈话，既消除了幼儿面对真人的紧张心理，又让他们更为轻松地进行对话，从而提高了幼儿的语言表达能力。

2.搭建生活灾害类的语言讲述活动形式

为了提高幼儿的安全意识，让他们掌握相应的逃生技巧，教师在教学的过程中可以运用虚拟 VR 技术模拟生活中灾害的场景，并让幼儿佩戴专业 VR 设备融入相应的场景中，采取应对措施，及时从生活灾害中逃离。更为重要的是，教师可以让幼儿回想整个过程，进行针对性的语言描述，从而提升幼儿的综合表达能力。在实际的教学过程中，幼儿教师可以借鉴如下步骤：

步骤一，讲授灾害注意事项。在此部分内容的论述中，笔者主要介绍了应对火灾的措施，并让幼儿佩戴 VR 设备，观看应对火灾的具体措施，并与设备中的虚拟人物进行对话，以考查他们的灾害掌握状况。

步骤二，开展火灾模拟演练。在火灾模拟演练的过程中，幼儿教师分组进行，并设置不同的火灾场景，让幼儿融入其中，思考解决个人面对火灾场景的方案，并通过进入幼儿虚拟场景的方式，了解他们的实际应对情况，给予他们必要的指导。

步骤三，开展火灾语言讲述。在大部分幼儿成功"脱灾"后，教师鼓励幼儿发表整个脱离火灾的过程。一位幼儿说："我先介绍面对的场景：我看到的是楼道着火的状况。我采取的措施是，用湿毛巾捂住鼻子，迅速找到楼道，匍匐前进，有意识地避开烟量大的位置。"

总而言之，教师通过让幼儿佩戴 VR 设备的方式，使他们掌握相应的火灾逃生技巧，并让他们以讲述的方式介绍整个过程，一方面锻炼了幼儿的语言表达能力，另一方面也让幼儿的表达更具有次序性，获得了良好的语言讲述教学效果。

3. 构建交互性语言听说游戏活动模式

在论述本部分的过程中，笔者将 VR 技术运用在听说游戏活动中，让幼儿在游戏过程中掌握语言表达规则，更为直观、全面地进行相应的表达，使他们真正在获得欢乐的过程中，掌握语言表达技巧。在具体的操作过程中，教师可以从如下几点入手：

首先，组织 VR 式电子绘本阅读。在阅读此部分内容的过程中，幼儿教师可以将 VR 虚拟设备与绘本阅读 APP 进行结合，设置情景的阅读场景，让幼儿佩戴 VR 虚拟设备，观看阅读中的内容。其次，设置人机互动模式。教师运用设备中的虚拟人物，即让此虚拟人物与幼儿进行互动，根据幼儿回答问题的状况，给予相应的分数。最后，颁发奖励。教师可以根据幼儿的分数进行排名，为他们颁发相应的物品。

总而言之，在听说游戏模式开展的过程中，教师可以运用 VR 技术设计交互性的听说游戏活动模式，让他们在此过程中完成相应的问题，获得语言表达能力的提升。

第五章 游戏活动推动语言指导教学的新路径

第一节 游戏活动与语言指导教学的融合性

一、游戏活动与语言指导教学的融合性原则

众所周知，融合性原则既指明了游戏活动与语言指导之间的航向，又为教师的语言指导教学工作提供了方向。为此，笔者认为有必要深入探究游戏与语言教学之间的融合点，并通过实践的方式检验这些融合点的有效性，最终达到提高幼儿语言教学质量的目的。基于此，笔者运用图 5-1 所示简要介绍两者融合的原则，并针对相应的内容进行细化，让读者在把握整体内容脉络的基础上，进行更为精准的阅读，从而真正为幼儿教育者提供借鉴。

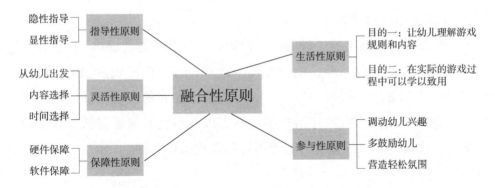

图 5-1　游戏活动与语言指导教学的融合性原则

（一）生活性原则

在游戏活动与语言指导教学融合的过程中，教师应注重联系幼儿的生活，以达到如下目的：一是让幼儿最大限度地理解游戏规则和内容。二是在实际的游戏过程中可以学以致用，获得表达能力的提升。为了达到这种效果，教师一方面要了解幼儿的生活，另一方面要认知幼儿的兴趣，构建最为贴近幼儿生活的游戏语言指导模式，从而促进幼儿综合语言表达水平的提高。

（二）参与性原则

幼儿是参与语言活动的主体，是影响语言教学活动效果的主体性因素。为此，教师需要提升幼儿语言游戏指导活动的参与度。具体言之，教师可以借鉴如下路径：一是调动幼儿兴趣。教师可以从游戏的多样性、趣味性入手调动幼儿参与语言游戏指导活动的热情。二是多鼓励幼儿。在实际的语言游戏指导活动中，教师需要观察幼儿的表现，并结合他们在游戏中的表现进行针对性的鼓励，使部分性格内向的幼儿逐渐获得自信，并积极地投入到下一次的语言游戏指导活动中。三是营造轻松氛围。教师为了提高幼儿的语言游戏参与性，需要营造轻松的氛围，与幼儿进行平等性对话，让他们感受到教师的尊重，并积极地投入其中感受游戏的乐趣，不断在游戏中强化相应的表达技巧。

（三）指导性原则

通过进行游戏指导，教师一方面可以为幼儿"排忧解难"，解决他们在语言游戏中的问题，让幼儿再一次积极投入到游戏活动中，促进其语言表达能力的提升，另一方面可以根据幼儿的表现以及他们的所思所想进行相应语言指导活动的调整，以获得良好的语言活动教学效果。具体言之，指导性分为隐性指导和显性指导两种。

1.隐性指导

在隐性指导方面，笔者将此种指导方式再次划分为生者角色指导和伙伴式角色指导两种。在进行伙伴式角色指导中，教师以幼儿伙伴的方式进行指导，即针对幼儿出现的语言游戏指导活动问题进行针对性交流，并让他们在教师的帮助下解决相应的问题，从而使幼儿获得语言表达能力的提升。在进行生者角色式指导的过程中，教师可以向幼儿进行请教，比如请教幼儿在游戏中表现优秀的部分，让幼儿获得语言学习的自信心，并再一次投入到游戏的过程中。与此同时，教师可以根据幼儿的实际"指导"方式，针对游戏的难易程度进行调整，实现隐性指导效益的最大化。

2.显性指导

在显性指导方面，教师可以在语言游戏指导活动中扮演角色，即进行直接性指导。具体言之，教师可以从如下三点进行指导。第一，指导幼儿掌握语言游戏活动的策略、规则及方法。第二，发挥幼儿在游戏中的主体地位，指导幼儿运用多种途径搜集相应的信息，并结合这些信息突破相应的游戏。第三，指导幼儿解决语言游戏指导活动中的困难，让他们突破个人的思维局限，促进幼儿语言和思维能力的双重提升。

（四）灵活性原则

本文中的语言游戏指导活动的灵活性主要体现在：第一，从幼儿出发。教师在知道语言游戏活动的过程中需要深入了解幼儿的兴趣点和需求点，设置相应的游戏。第二，内容选择。在内容选择上，教师可以从多个角度搜集相应的内容，比如网络、校园图书馆和实际的幼儿语言教学内容等，以提高内容选择的灵活性，满足幼儿的好奇心，促进他们语言表达能力的提升。第三，时间选择。在进行具体时间的选择过程中，教师可以结合幼儿在语言游戏指导活动中的表现，灵活控制相应的游戏时间，从而在调动幼儿游戏兴趣的同时，让他们在游戏中获得语言的锻炼。

（五）保障性原则

在进行语言游戏指导活动中，教师需要构建多种条件为语言游戏活动的顺利开展提供保障。具体的保障内容包括如下几点：第一，硬件保障。包括游戏材料、游戏开展的场所以及相应的时间。第二，软件保障。一方面指游戏规则，另一方面指教师指导。通过从硬件和软件两方面进行保障，旨在促进语言游戏指导活动的顺利开展。

二、游戏活动与语言指导教学的融合性方向

（一）结合实际创设趣味性情境

在进行语言指导教学与游戏活动的融合过程中，教师可以结合实际创设趣味性情境，在激起幼儿兴趣后，进行针对性的语言交流，使幼儿真正在游戏中获得综合表达能力的提升。以实际语言游戏化指导活动为例，教师采用"默剧＋显剧"的方式。在默剧方面，教师可以让一组幼儿通过动作表达个人所要描述的词汇，让其他幼儿沉默并思考相应动作代表的句意、成语。在显剧方面，教师可以让幼儿通过演示动作，并综合运用表达的方式，猜测对应的动作，从而在增强幼儿语言组织能力的同时，提高他们的语言可信度。

（二）鼓励幼儿进行积极性表达

在鼓励幼儿进行积极表达的过程中，教师可以从如下方面入手。第一，提供表达平台。教师可以构建不同形式的表达平台，在显性方

面，教师可以鼓励幼儿直接表达；在隐性方面，教师可以鼓励部分善于画画的幼儿通过运用个人的画作进行表达。第二，创造积极表达的机会。教师可以从如下两点进行表达机会的创设。第一，合作教学。教师采用合作式的模式，一方面让幼儿在课下交流，另一方面在课上交流，即通过两种方式鼓励幼儿积极表达。第二，制定奖励制度。教师可以通过制定奖励制度的方式，让幼儿积极融入其中，为了获得相应的奖励，排除万难，积极表达，以此促进幼儿综合表达能力的提升。

（三）树立榜样引导幼儿去表达

在榜样树立的过程中，幼儿教师可以从如下角度执行。第一，寻找榜样。在寻找榜样的过程中，教师一方面可以询问其他幼儿，另一方面可以让本班幼儿进行推选，即选择他们认可的人扮演语言表达榜样的角色。与此同时，教师还可以通过测试的方式，即笔试和口试的方式了解幼儿的表达能力，并挑选相应的榜样。第二，开展活动。在实际的阅读活动中，幼儿教师可以阶段性地树立部分幼儿为榜样，让这些幼儿参与到实际的劳动中，树立正向的榜样作用。

（四）巧用科技提高幼儿参与度

在进行语言游戏化指导活动中，教师可以巧用高科技构建各种场景的对话活动，充分调动幼儿的参与热情，并让他们融入其中，增强口语表达能力。具体言之，教师可以引入 VR 技术，让幼儿佩戴相应的 VR 设备，灵活调整对话场景，让幼儿充分调动个人的表达热情，完成不同场景的对话，从而提高幼儿的参与度，获得良好的游戏教学效果。

第二节　角色游戏运用于语言指导教学的新路径

一、角色游戏运用于语言指导教学的意义

文化的本质在于游戏和想象。想象是对现有规则的一种破坏，而游戏则是对新规则的建立。语言是文化的重要组成部分，其兼具游戏性和想象性。通过将角色游戏融入语言指导教学中，一方面有利于放松幼儿的身心，激发他们的想象力，使其进行更为多元的表达，另一方面有利于幼儿在游戏的过程中遵守角色扮演的规则和语言表达的方式，从而在不断进行角色扮演的过程中强化对语言技巧的运用，促进幼儿综合语言表达能力的提升。具体言之，笔者着重从如下几点论述角色游戏运用在语言指导教学中的意义。

（一）提高幼儿的语言表达能力

在进行角色扮演的活动中，教师可以为幼儿提供良好的交流平台，让他们融入不同的角色场景中，在不同的角色中进行更为多元的表达，以此促进幼儿综合表达水平的提升。具体言之，提高幼儿语言表达能力的要素包括三个方面，如图 5-2 所示。

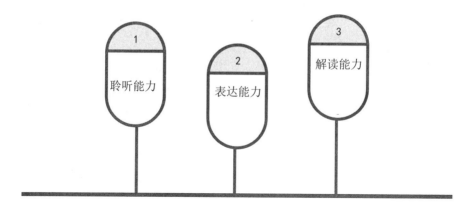

图 5-2　提高幼儿语言表达能力的要素

1. 聆听能力

在角色游戏扮演的过程中，幼儿需要结合个人扮演的角色进行针对性表达。为了更为有效地表达，幼儿需要认真聆听说话者的内容，既要理解说话者直接表达的内容，又要理解说话者表达内容之外的意思，即教师需要通过多种引导方式，让幼儿结合说话者的心理、具体语言对话的场景，进行针对性的联想和思考，使他们在会听的基础上会说。

2. 表达能力

在幼儿准确把握说话者的内容后，幼儿需要结合不同的场景以及幼儿的心理进行针对性的表达，让对话者可以简明扼要地抓取幼儿表达的关键词，实现有效沟通的目的。具体言之，通过开展角色游戏，幼儿一方面可以在"熟悉"剧本的基础上了解对话者的性格，针对性地与对话者进行沟通，另一方面可以结合对话的语境，更为精准地表达个人的看法，还可以结合后续角色情节的发展，更为立体地阐述表达内容，为后续情节的发展做铺垫，实现提高个人语言表达能力的目的。

3. 解读能力

在角色扮演的过程中，幼儿获得的能力是在无字句处读书的能力，即幼儿需要综合考虑各个因素，既要分析对话者的心理，又要联系此次对话的场景，合理判断对话者所要表达的实际意思，以提高个人解读"无字书"的能力。

（二）培养幼儿的规则意识

没有规矩，不成方圆。通过融入角色游戏，幼儿可以树立规则意识，懂得在日后的学习和生活中更好地遵守相应的规则，促进个人社会意识的形成。具体言之，主要体现在如下三点。

1. 认识规则重要性的规律意识培养

通过角色扮演，幼儿教师可以让幼儿认识到遵守规则的重要性，即"规则面前一律平等；维护规则，即维护共同权益。"与此同时，教师可以引导幼儿在认识规则的基础上，利用规则，即更好地把握规则内部的规律，促进幼儿总结分析能力的提升，让幼儿更为灵活地运用规则，提升思维能力，从而为增强他们的语言能力提供必要的思维基础。

2. 社会性意识形成的约束能力提升

社会在正常运行的过程中无不透露着相应的规则。在进行角色游戏扮演的过程中，教师可以让幼儿在正确了解规则的基础上，更好地约束个人的行为，从而在适应未来社会发展的前提下，更好地融入角色扮演中。值得注意的是，在进行角色扮演的过程中，幼儿教师需要对幼儿的语言进行规范，即设定相应的语言表达规则，尤其是对幼儿的语言表达思维进行规范，让他们形成科学的语言表达习惯。

3. 培养幼儿竞争、协作、学习意识

在开展角色游戏的过程中，教师除了要设置行为规则外，还要设立奖励规则，即激发幼儿参与游戏的积极性，而游戏奖励规则的设立不仅可以进一步激发幼儿的竞争意识，让幼儿与其他小朋友之间进行有效的配合，而且还能使幼儿在与其他小朋友交流的过程中相互学习，从而在促进幼儿学习意识形成的同时，也让幼儿在交流的过程中抓取关键信息，促进幼儿语言交际能力的提升。

（三）增强幼儿的思维创造力

思维能力与语言表达能力之间是相互依存的关系。幼儿语言表达在很大程度上可以体现幼儿的思维。通过开展角色游戏活动，教师可以构建出多元性的语言教学模式，让幼儿获得思维能力的提升，从而为增强他们的综合语言表达能力创造良好的思维前置条件。具体言之，笔者着重从如下三点进行论述。

1. 讨论内容

在进行角色游戏的活动中，幼儿教师可以从如下两方面入手，锻炼幼儿的思维创造能力。一是内容的留白之处。教师可以在讨论内容的设定中有意设置留白内容，让幼儿在基于对话内容理解的基础上进行针对性的想象和表达，以增强他们的思维发散能力。二是内容之外。教师可以让幼儿根据对话内容，联想与对话内容相关的其他内容，使幼儿的思维更具有延展性，并结合对话中的规律，进行相应的表演，最终达到增强幼儿思维延展性的目的。

2. 幼儿交流

差异性往往孕育着更多的可能性。在进行角色游戏扮演的过程中，教师除了让幼儿按照剧本进行角色扮演外，还可以让幼儿通过讨论交流的方式编写剧本，即充分利用幼儿之间思维的差异性，让他们在从不同角度探讨的过程中获得思维的发散，让一个幼儿的想法启发另一个幼儿的灵感，以此促进幼儿思维创造力的提升。

3. 教师指导

因为年龄和生活经历的不同，幼儿与教师在思维上存在着严重的差异化，而这种差异化是增强幼儿思维创造力的前置条件。在进行角色扮演的过程中，教师可以通过站在幼儿立场进行引导的方式，让幼儿最大限度地接受教师提供的指导信息，并结合这些信息换一个角度思考问题，从而使幼儿的思维方式得到拓展，使他们更为多元的表达，最终达到提高幼儿思维创造能力的目的。

（四）营造良好的人际关系

1.在角色之外沟通掌握处理人际关系的方法

在进行角色扮演的过程中，教师需要对幼儿的协作进行指导，尤其是让他们在交流的过程中懂得尊重他人，掌握一些基本的人际交往技巧，比如礼貌用语的运用等，使幼儿获得人际交往能力的提升。

2.在角色之内深入分析促进幼儿同理心的形成

在角色扮演的过程中，教师除了要让幼儿掌握实际的人际交流技巧外，更要引导幼儿剖析所扮演角色的性格，并通过多个角度进行角色的再现。在此过程中，教师可以引导幼儿从扮演角色的角度思考问题，使他们更好地理解角色，并将这种换位思考的思维运用在实际的人际交往中，真正理解他人，促进幼儿人际关系处理能力的提升。

二、角色游戏运用于语言指导教学的条件

（一）创设情境

语境是语言对话的关键性保障。在进行角色游戏扮演的过程中，教师需要结合不同的对话要求设置不同的语境，让幼儿融入其中，更为积极地运用生活经验以及储存在个人头脑中的语言进行针对性表达。在具体的操作过程中，教师可以结合幼儿园的实际状况，灵活设计不同的场景，比如医院场景、购物场景、学习场景等，并鼓励幼儿按照个人的想法"说一说""听一听""演一演"，从而让他们在不知不觉中获得语言组织能力和表达能力的双重提升。

（二）素材保障

素材保障主要包括如下三方面的内容：一是时空保障。幼儿教师可以结合本校实际设计不同的区域角，比如角色区区域角、构建区区域角、美工区区域角、表演区区域角、科学区区域角、工作区区域角、益智区区域角、阅读区区域角等，在区域角的设置中要与五大领域相结合（社会领域、健康领域、艺术领域、科学领域、语言领域）。二是

材料保障。教师需要结合不同的区域角设置不同的材料，并定期对现有材料进行更新。三是制度保障。为了最大限度地利用、保护这些材料和区域，教师需要制定相应的制度，以规范幼儿的行为，比如制定奖励机制，鼓励幼儿积极地保护素材，为后续角色扮演教学的开展提供良好的材料和场地基础。

（三）经验运用

经验运用主要包括已有经验和未知经验两部分。在已有经验中，教师需要深入了解幼儿，尤其是他们在生活中的各个经验，一方面是人际交往经验，其主要包含三个主体，即幼儿、教师、家长，另一方面是生活经验，比如基本的生活能力等。在未知经验中，教师可以了解各行各业的发展状况，并将这种经验传递给幼儿，让幼儿在了解这些行业特点的基础上树立未来的职业目标，从而使幼儿对未来充满期待，也让他们更为积极地了解各项职业信息，并全身心地投入到相应职业化的角色扮演中，获得综合表达能力的提升。

（四）合理评价

合理评价主要包括三部分内容：首先是幼儿个体评价。在角色游戏表演结束后，教师可以让幼儿进行自我评价，比如从角色扮演的语气、表达的方式和表达内容入手，对个人的语言表达有一个整体性认知，使幼儿从小树立自省意识，并在此过程中获得语言表达能力的提升。其次是教师引导评价。在教师引导评价的过程中，教师一方面可以让幼儿认识、改正在角色扮演以及语言表达中的问题，另一方面能够让幼儿在接受教师评价的过程中，积累更多的表达词汇，促进幼儿语言表达能力的提升。最后是结合性评价。教师可以幼儿的自我评价为基点，进行针对性的再评价，让幼儿了解个人思维方式存在的漏洞，辅助幼儿掌握更为完善的评价方式，促进幼儿全面成长。总而言之，合理性评价一方面为幼儿语言学习提供了方向，另一方面推动了语言教学"迈向"更高的台阶。

三、角色游戏运用于语言指导教学的新路径

在角色游戏教学开展的过程中，教师需构建角色游戏与语言教学的融合点，并在此基础上构建以幼儿为主体的角色游戏语言授课模式，让幼儿真正成为语言游戏课堂的主角，使他们站在更为多元的角度思考、表达问题，促进他们综合语言表达能力的提升。具体言之，笔者将从如下四点简要论述具体新路径的开辟。

（一）以 DIY 思维为灵感

在进行角色式语言教学的过程中，教师可以 DIY 思维为灵感，让幼儿真正成为角色游戏剧本的创作者、表演者，让他们写出个人所想的剧本，表现出他们这个时期特有的精神风采，真正让幼儿在此过程中获得思维能力、执行力、综合语言表达能力的双重提升。在实际的执行过程中，幼儿教师可以按照如图 5-3 所示的五个步骤进行。

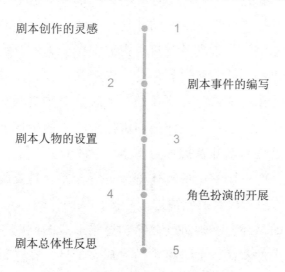

剧本创作的灵感　　　1

2　　　剧本事件的编写

剧本人物的设置　　　3

4　　　角色扮演的开展

剧本总体性反思　　　5

图 5-3　以 DIY 思维为灵感的执行步骤

1.剧本创作的灵感

在进行剧本创作的过程中，一个好的灵感是剧本创作的关键。在灵感来源方面，幼儿教师可以从幼儿的生活入手，尤其是从幼儿生活

中的偶发事件着力，构建最为接近幼儿认知的灵感，以此作为"剧本之根"，从而在提升幼儿参与剧本创作积极性的同时，充分调动幼儿储备的经验，完成剧本的创作和扮演，最终达到增强幼儿综合表达能力的目的。

2.剧本事件的编写

在进行剧本事件编写的过程中，教师需要处理好幼儿自主性与教师引导性之间的关系，既要让幼儿积极发言，又要对他们的发言进行针对性引导，让剧本事件反映幼儿心声的同时，也使剧本符合基本的创作规律。笔者在此主要对教师的指导以及剧本的发展规律进行了简要论述。

首先，在事件的开头，教师需要引导幼儿讨论事件发生的时间、地点，并引入剧本中的主要角色。与此同时，除了进行上述事件的论述外，教师应注重引入相应的伏笔，为后续剧本内容的展示留下悬念。在伏笔制定的过程中，教师要与幼儿进行深入沟通，为幼儿展示思维平台，从而让他们在与教师的交流中提升综合能力。其次，在事件论述过程中，教师要与幼儿商讨具体的事件推进过程，以进一步激发幼儿的想象力，并在教师的指导下让幼儿的表达思维更为科学。与此同时，教师可以幼儿的思维方式向他们讲授记叙文的构成及文章内容的行文架构等，以辅助幼儿掌握最为基本的剧本创作逻辑。再次，教师应与幼儿沟通，商量剧本中的具体细节设置，尤其是要凸显幼儿的思想，并将这种思想与后续的剧情进行连接，从而让幼儿真正参与其中，感受剧本创作的乐趣，在促进幼儿科学思维形成的同时，让他们更为多元地表达个人的看法，促进剧本的完成。最后，在进行结局设置的过程中，教师可以弘扬正确的价值观，让幼儿从此方向进行剧本结局的编写，并着重对幼儿的整体性思维进行引导，让他们的思维更加符合剧本编写的规律。

总而言之，在进行剧本编写的过程中，教师一定要让幼儿参与整个过程，使他们在不同的阶段思考不同的问题，促进幼儿思维能力和语言表达水平的双重提升。

3. 剧本人物的设置

在剧本人物设置的过程中，教师可以从三个方向塑造人物，即正面人物、反面人物和中间人物。在塑造正面人物的过程中，教师可以引入幼儿熟知的各种人物范本，让他们通过讨论的方式完成正面人物的塑造。在塑造中间人物和反面人物的过程中，教师可以运用同种方式。值得注意的是，在人物语言的塑造上，教师可以让幼儿畅所欲言，并对他们的语言表达进行针对性汇总，以构建出反映幼儿心声的角色人物。

4. 角色扮演的开展

在开展剧本扮演的过程中，教师可以借鉴如下步骤：一是，角色选择。在角色选择的过程中，教师可以幼儿的性格特点和剧本中的人物为着力点，进行相应角色的匹配。在此项活动的开展过程中，教师可以组建幼儿角色评选活动，让幼儿在深入解读剧本的基础上说出个人原因，以促进幼儿语言综合表达能力的提升。二是，扮演角色。在明确各自的角色后，教师可以开展角色扮演，并鼓励幼儿从多个角度入手阐释个人心中的人物形象（面部表情、身体动作等）。三是，开展表演。在进行表演的过程中，教师可以让更多的幼儿参与到此次表演的评价中，形成具有集体性的交流氛围，促进幼儿表达能力的提升。

5. 剧本总体性反思

在进行剧本总体性反思的过程中，教师可以剧本编写和幼儿表达两条主线入手，进行反思。在剧本编写方面，教师着重从幼儿的思维入手，即在剧本编写的过程中总结幼儿在思维方面存在的优势和不足，并进行针对性的思维教学。在此次活动过程中，教师发现本班幼儿的感性思维较强，理性思维较弱。为了提高幼儿思维的理性，教师着重播放与幼儿认知最为接近的视频，让幼儿在观看视频的过程中和在教师的指导下逐渐形成一个闭环性思维，以增强幼儿的理性思维。在幼儿表达方面,教师发现大部分幼儿可以积极地投入到剧本的创作中,并积极地表达个人的看法。与此同时,教师也发现部分幼儿在表达的过程中出现前后表达重复的状况。为此,教师以小组谈论的方式,让幼儿结合具体讨论的内容进行针对性讨论,使他们真正在讨论中提升语言的理解力,并减少前后语言重复的状况。

(二)运用虚拟现实技术

在进行角色游戏扮演的过程中,教师可以结合实际,运用 VR/AR 技术开展语言活动指导,以模拟出现实性的场景,真正让幼儿融入其中,积极地与场景中的各种角色进行对话,让幼儿在好奇心的作用下,张开嘴巴进行多样的表达,最终达到提升幼儿综合表达能力的目的。具体言之,教师可以从如下角度论述。

1.创设对话场景

在创设对话场景的过程中,教师可以结合不同的语境,构建具有沉浸性的场景,让幼儿融入其中。与此同时,教师还可以在此场景中设置相应的角色,尤其是不同年龄、职业的角色,让幼儿在与这些角色进行对话的过程中掌握不同的沟通技巧,促进他们语言表达能力的提升。

2.分析对话数据

幼儿教师可以运用云计算、大数据分析幼儿的对话数据,尤其是在对话过程中经常使用的词汇和常见的表达性错误。与此同时,教师可以运用大数据和云计算技术,分析产生上述表达错误的原因,并制定相应的策略。在实际的数据统计过程中,笔者发现幼儿最为明显的场景表达错误为:词不达意、主旨不清、抢话插话。具体言之,教师发现部分幼儿在对话的过程中常常出现如下状况:一些幼儿在论述一个事情时,往往会出现表达不清的状况。加之,部分幼儿的思维较为活跃,在论述此件事情的过程中往往向另一件事情转移。这说明部分幼儿在表达的过程中无法集中注意力,更无法逻辑清晰地表达相应的问题。

3.再次进行测试

在发现部分幼儿出现严重的主旨表达不清的状况时，教师运用VR技术，构建描述事物的场景，即引入销售场景，让幼儿成为销售员，向"顾客"销售产品。为了让他们将产品更为全面地向顾客介绍，教师可引导幼儿运用"第一""第二""第三"进行表达，并让幼儿在表达的过程中思考前后内容之间是否出现了重复的状况。在此之后，教师再次运用大数据、云计算对幼儿的表达状况进行数据汇总，并分析总结幼儿的表达错误。

4.进行教学反思

在进行反思的过程中，教师一方面可以从个人的教学状况入手进行反思，另一方面可以统计VR技术中的数据，分析两者之间的共性，并在此基础上，进行相应语言教学的反思，以构建出最为接近幼儿认知、具有实效性的语言教学模式，让幼儿在实际的角色扮演中获得综合表达能力的提升。

（三）巧用生活经常事件

在进行角色游戏的语言教学活动中，教师可以幼儿生活中的经常事件为着眼点，并在此基础上，让幼儿"还原"经常事件的场景，并进行针对性的交流，从而在进行幼儿教学的同时，促进他们表达能力的提升。具体言之，教师可以从如下几点切入。

1.搜集经常事件

在幼儿管理的过程中，教师需要面临和处理很多事件。在处理这些事件的过程中，幼儿教师可以选择具有代表性的经常事件，尤其是起到育人作用的事件，真正让幼儿在扮演角色的过程中，一方面获得思想的启迪，另一方面更为深入地研究角色的特点。

2.还原经常事件

在幼儿活动的过程中，教师可以幼儿之间经常发生矛盾的事件为着眼点进行针对性口语教学，让幼儿在改变个人问题的基础上获得语言表达能力的提升。具体言之，教师运用文字，简要介绍了幼儿之间的一件小事:一位幼儿在玩玩具,另一位幼儿并未征询前一位幼儿的同意,直接上手,将玩具抢到手中,并对前一位幼儿说:"我玩一会儿这个玩具!"前一位幼儿并不想把这个玩具给后一位幼儿,两个人开始争抢。教师及时发现并制止了这种情况。

3.解读经常事件

在这件事情发生后,教师及时进行教育,并组织幼儿参与到此事件的分析中,通过大家的讨论得出如下结果:首先,抢夺玩具的幼儿做法不对。其次,被抢夺玩具的幼儿在遇到此种事情后,应该告诉老师。与此同时,教师教授幼儿最为基本的对话。在想玩对方玩具时,幼儿可以说:"我可不可以玩一下你手中的玩具?"在征得对方同意后,幼儿方可玩此玩具。出现这种状况的原因在于:第一,幼儿的语言词汇较少,不善于表达。第二,幼儿具有较强的主观意识,不善于从他人的角度思考问题。第三,幼儿之间缺乏谦让的精神。

4.以经常事件为基点进行角色扮演

在大部分幼儿理解了此件事情后,教师可以组织幼儿进行针对性的角色扮演。在实际的操作过程中,教师主要从如下几点切入:首先,品读角色。教师让幼儿思考:假如你是被抢玩具的幼儿,你会如何想?假如你抢了他人的玩具,你的心理是什么样的?其次,扮演角色。在角色扮演的过程中,教师注重让幼儿将个人感受带入到角色的扮演中,并更为真实地表演其中的角色。最后,教师鼓励其他幼儿评价两位表演者。

5.以经常事件为突破进行讨论

在此次表演结束后,教师鼓励幼儿发表个人的看法,并结合他们的表达给予相应的评价,使幼儿树立正确的价值观,获得语言表达能力的提升。笔者,在此简要介绍了与一位幼儿的对话。幼儿说:"假如我抢了别人的玩具,我会很开心。因为这个玩具是我想要的。"教师引导性地说:"假如你是被抢玩具的人,你的心理会是什么样的?是否和表演者的心理相同?"幼儿说:"我当然十分生气。"教师说:"那么你在面对同样的事情时，会如何做？"幼儿说："我会征询对方的同意，询问对方是否可以让我玩。假如不让我玩，我就玩别的玩具。"通过讨论，教师一方面让幼儿树立了正确的是非观，另一方面促进了他们表达能力的提升，达到了预期的效果。

第三节　语言游戏推动语言指导教学发展新尝试

一、语言游戏的类型

（一）幼儿语言游戏的定义

幼儿语言游戏是以实现教学任务为手段，以增强幼儿语言能力为方向，以师生相互配合为指导的一种新型的语言游戏活动。此种游戏活动既符合幼儿爱玩的天性，又让幼儿在游戏的过程中掌握了相应的语言规则，从而促进了他们综合表达能力的提升。

（二）幼儿语言游戏的类型及操作方式

笔者对图 5-4 中的内容进行论述，简要介绍了此部分内容的关键信息，并在进行了详细论述，旨在真正让幼儿教学者抓住教学的重点，为后续的语言教学提供借鉴。

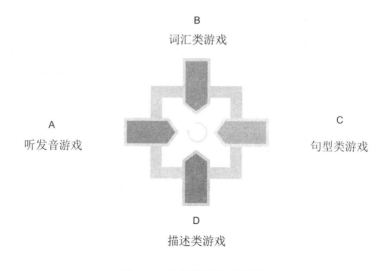

B
词汇类游戏

A
听发音游戏

C
句型类游戏

D
描述类游戏

图 5-4 幼儿语言游戏的类型

1.听发音游戏

（1）听音游戏。众所周知，低龄幼儿喜欢模仿，尤其是模仿身边的家人及动物，为此，教师可以组织幼儿进行听音游戏。在实际操作方面：首先，搜集声音。幼儿教师可以搜集身边的声音，包括家人的声音和动物的声音。其次，开展游戏。在开展游戏的过程中，教师可以让幼儿根据声音辨别动物或人的名字，并猜对相应的答案。教师让幼儿通过分辨声音细微差别的方式，使幼儿打好了感知语音的基础。

（2）发音游戏。在设定发音游戏的过程中，教师可以从如下三个角度切入：一是因龄施教。在具体设定发音内容时，教师需要以幼儿的年龄和认知水平为重要依据。二是针对练习。在进行发音的学习时，教师可以组织幼儿进行针对性练习。比如，教师可以让幼儿从发生用气、声调练习和干扰音练习入手，保证一定的时间期限，让幼儿对发音练习保持一定的兴趣度。三是设置的奖励。在奖励设置过程中，教师可以结合幼儿的喜好进行针对性奖励，从而最大限度地激发幼儿发音练习的积极性。

2.词汇类游戏

通过进行词汇类游戏，教师一方面可以丰富幼儿的词汇量，另一方面可以提高幼儿的词汇运用能力，为促进他们口语表达能力的提升创造条件。在实际的词汇类游戏练习过程中，教师可以从如下几点切入。第一，结合词性进行不同的词汇类游戏。在幼儿教学中，教师可以开展多种形式的词汇练习，比如礼貌用语、正反义词、方位词汇、代词、量词、形容词、名词、动词等。针对名词，教师可以组织幼儿进行猜词游戏。第二，设定具有明确目的的游戏。教师可以通过制定游戏规则的方式，达到完成词汇教学的目的。比如，为了让每个幼儿掌握三个词语，教师可以设定如下奖励：假如每个幼儿可答对三个以及三个以上词语，则可以获得一朵小红花的奖励。在此类游戏教学中，教师需要结合实际的词汇教学状况，灵活设定游戏，并将词汇类游戏教学的效益最大程度地发挥出来。

3.句型类游戏

句型类游戏开展的前提是幼儿具备较强的词汇发音能力以及较大的词汇量，还需要对词汇具有较好的理解能力。在进行句型类游戏中，教师首先需要考查幼儿对复合句和简单句的运用状况。针对一些并未掌握复合句的幼儿，教师可以对这些幼儿进行系统训练，让他们可以按照语法规则造句，以更好地应对句型类游戏中的种种挑战，在不断游戏的过程中强化对句型的理解。在实际的执行过程中，教师可以以小组游戏的方式进行，让幼儿根据所给的词汇进行造句，并在相互商讨的过程中获得语言表达能力的提升。

4.描述类游戏

描述类游戏对幼儿的基本要求有两点。第一点，幼儿已经掌握了基本的知识，比如可以进行最基础的句子练习，掌握了基本的词汇和语言。第二点，幼儿要能逻辑清晰地对事物进行连贯性描述。开展描述类游戏的意义有如下两点。第一，提高幼儿的语言组织能力。在描述类游戏中，幼儿可以观察事物的特点，运用个人掌握的词汇进行描述，以锻炼个人的语言组织能力。第二，激发幼儿的求知欲。在描述类游戏中，幼儿可以在描述各种事物时，联想与之相关的事物，并建立更为广泛的事物认知网，激发求知欲。较为常见的描述类游戏包括猜词游戏、角色扮演游戏等。

二、语言游戏推动语言指导教学过程新尝试

在语言指导教学的过程中，教师可以在课前、课中、课后三个节点引入语言游戏，有效推动语言指导教学的良性发展。

（一）课前：语言游戏推动语言指导教学的新尝试

1.知识层面：新旧知识连接

在课前语言指导教学过程中，教师可以引入语言游戏，并注重构建新旧知识点之间的联系，让幼儿在语言游戏的过程中复习旧的知识点，学习新的语言知识，实现新旧知识之间的完美衔接。这对幼儿教师的语言教学提出了更高的要求：教师在教学过程中需要深入研究新旧知识点之间的联系，比如在进行句型类知识的教学时，教师为了让幼儿回忆之前的词汇知识，可以引入词汇游戏，以激活幼儿头脑中的词汇知识。之后，教师可以引入相关的句型类知识，实现新旧知识的衔接，推动语言指导教学活动的发展。

2.教学流程：实现顺利过渡

在课前语言指导教学过程中，部分教师经常采用开门见山的课堂导入方式授课，而这种千篇一律的方式，一方面会削弱幼儿的学习兴趣，另一方面不利于教学质量的提升。为此，幼儿教师在实际的语言指导教学过程中可以引入语言游戏，从而在增强语言教学趣味性的同时，让幼儿不自觉地完成游戏，并向下一阶段的语言游戏迈进，以获得良好的过渡效果。具体言之，教师可以引入疑问性的游戏，调动幼儿的学习兴趣，并在此基础上，实现由游戏向教学的顺利过渡。比如，在讲授简单词汇的发音时，教师可以设置听音游戏，并引入幼儿熟知

的场景，让他们在听音游戏的过程中获得语言学习的乐趣，让幼儿完成语言学习。比如，教师可以引导性地提问幼儿："我们虽然可以用听的方式辨别这个字，但是我们如何正确读出这个字呢？"这种游戏化的导入方式，结合语言指导教学过程，可以真正实现由游戏向教学的顺利过渡。

3. 教学氛围：轻松愉悦

传统的语言教学较为枯燥无味。幼儿教师可以将语言游戏融入课前阶段，利用幼儿爱玩的天性，让他们在轻松愉悦的氛围中进行语言学习。在进行词汇类教学前，教师可以引入语言游戏，比如猜词游戏。

（二）课中：语言游戏推动语言指导教学的新尝试

1. 攻克教学重难点

在语言教学过程中，教师可以引入语言游戏，尤其针对语言教学中的重难点，让幼儿在反复游戏的过程中强化相应的语言知识，从而有效攻克。比如，在开展简单的生字辨认教学时，教师可以引入语言游戏，让幼儿在游戏中掌握相应的技巧。以发音练习为例，教师可以引入趣味性的游戏，着重将带有儿化音和不带有儿化音的同一词语放到不同的语境中，让幼儿在紧张刺激的语言学习中强化对儿化音的认知。

2. 提升幼儿参与度

为了提高幼儿的语言学习参与度，教师在课中语言教学中可以结合幼儿的天性，灵活设置不同的语言授课模式，并注重引入具有竞争性的语言游戏，让幼儿在相互竞争中更为积极地投入语言词汇学习，提升语言能力。比如，在学习"四季类"的词汇时，教师为了提高幼儿的参与度，可以构建具有竞争性的词汇游戏，即只有幼儿在单位时间内说出与四季中一个季节相关的三个景物，即可获得一朵小红花。与此同时，教师将幼儿获得小红花的数量在多媒体上展示，以进一步激发幼儿之间的竞争意识，提升他们词汇学习的参与度，最终达到提高教学质量的目的。

（三）课后：语言游戏推动语言指导教学的新尝试

1.查漏补缺，巩固已学

在课后进行语言游戏教学的过程中，教师可以将所学的语言知识点融入游戏中，注重知识点设置的层次性，比如遵循由难到易的规律设置知识点，先是重难点知识，再是集中易出现问题的知识，最后是较为常见的知识，并将这些语言类知识点打乱融入游戏中，让幼儿从主观上忽视这些难易语言知识点，集中精力进行相应游戏的学习。同时，教师可以在游戏中设置提示模式，即针对幼儿在答题中出现的问题进行具体知识点提示，让幼儿真正在不断的游戏中加深对语言知识的认知，达到巩固已掌握知识点的目的。

2.拓宽视野，学习新知

"授人以鱼，不如授之以渔。"在课后进行语言游戏的过程中，教师既要让幼儿获得语言知识的巩固，又要让他们掌握学习规律，并运用规律学习更多的语言知识，最终达到实现拓宽视野、学习新知的目的。在实际的教学过程中，教师可以借鉴如下方式：首先，设置游戏。教师设置情景猜词游戏，让幼儿结合对应的情景，联系掌握词汇进行对应的猜测。值得注意的是，教师应更为注重引入新的词汇，即幼儿未曾见过的词汇，让他们结合对应的场景进行针对性猜测。其次，开展游戏比赛。在进行动物类词汇的学习中，教师除了设置与当堂课相关的词汇及对应的图片外，比如狗、猫、羊、牛、猪等，还要引入新的词汇，比如老虎、长颈鹿、猴子等。更为重要的是，为了培养幼儿的语境思维，教师可以为每一个动物进行配音，让幼儿根据对应的动物发出的声音以及喜欢吃的水果猜测动物名称。比如，在陌生词"猴子"的教学中，教师在设置猴子声音的同时，制作猴子吃桃的视频，让幼儿懂得结合语境揣测陌生词，掌握词汇学习的规律。

第六章　故事活动与幼儿语言指导教学的融合

第一节　创编故事培养幼儿语言表达创造力

一、故事创编的前置条件

（一）技巧

1. 故事的构成要素

故事是由时间、地点、人物、情节四大要素构成的。为了让幼儿更为直观地了解故事的四大要素，幼儿教师可以运用讲故事的方式，帮助幼儿找出这四大要素，并在遵循故事发展逻辑的基础上，让他们加深对这四大要素的理解。为了让幼儿真正加深对这四大要素的理解，教师可以运用思维导图的方式建立整个故事的情节，并在论述情节的过程中挑选出故事中的四大要素，让幼儿从故事的角度理解这四大要素，从而对后续的故事编写获得一定的认知。

2. 创编故事的技巧

为了更为直接地展示创编故事的技巧，笔者从图6-1所示的五个方面进行论述，从而让教学者更加精准地指导幼儿创编故事。

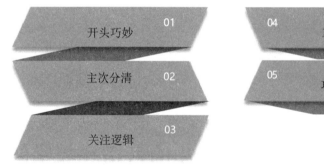

图 6-1　创编故事技巧

（1）开头巧妙。"良好的开始是成功的一半"，故事的编写遵循同样的道理。在编写故事的过程中，幼儿教师可以提醒幼儿巧妙设置开头，在文章的开头吸引读者的注意力。教师可以尝试从如下三点入手指导幼儿。

①顺序引悬念。在编写故事的过程中，幼儿可以运用顺序的方式，以最为简洁的语言介绍故事的四要素，即时间、地点、人物和事件，并设定相应的悬念，吸引读者的阅读兴趣。

②倒叙显结果。幼儿在编写故事的过程中可以运用倒叙的方式，首先向读者介绍故事的结果，调动读者的兴趣，之后进行故事的详细论述，让读者带着问题走入故事。

③插叙埋伏笔。幼儿在编写故事的过程中可以在开头设置几个与文章主题相关的事件，为后续内容的开展埋下伏笔。在具体的插叙过程中，幼儿可以选择多种方式，比如对故事主人公人物的怀念，并由此展开一系列的心理活动描写，为后续事件的介绍和发展埋下伏笔。

（2）主次分清。在创编故事的过程中，幼儿需要分清主次。具体言之，幼儿既可以将故事的重点放在主角的论述上，也可以放在情节的推动上，还可以放在主题的凸显上。除了上述内容外，教师还需要对幼儿做出如下引导：在编写故事的过程中需要明确故事的主旨，即围绕主题思想进行具体论述，不要试图把内容写得面面俱到，否则容易导致整体故事缺乏主旨。

（3）关注逻辑。在创编故事时，幼儿应注意故事的逻辑性，教师可以引导幼儿确定一条故事主线，即以个人想说的主题为中心点，并在此基础上，列入清晰的时间线，从而更为直观地表达想要论述的内容，让具体的故事可以直观地呈现在读者面前。

（4）重视细节。通过细节描述，幼儿一方面可以让叙述的内容更具有画面感，另一方面可以让人物的性格更加具体、鲜明。教师需要日常指导幼儿故事编写，引导幼儿观察生活中的细节，尤其是生活中的片段、场景，让他们进行针对性的描述，以增强他们的细节描述能力。

（5）巧用修辞。在幼儿编写故事的过程中，教师可以引导幼儿运用修辞，即让幼儿充分运用想象力，将一些抽象的事物描述成可观可感的事物，使描述的事物更立体、更形象，给读者以深刻的印象。在培养幼儿故事编写能力的过程中，教师可以将关注的重点放在培养幼儿运用比喻修辞的能力上。

（二）经验

本部分中的经验分为直接经验和间接经验两部分。直接经验是指幼儿的实际生活经历，即幼儿可以将这些生活经历编入故事中。间接经验是指幼儿通过多种渠道获得的认知。为了丰富幼儿的经验，教师可以从如下两点入手：在直接经验上，教师可以在争取学校和家长的同意后，在保障幼儿安全的前提下，组织多种实践活动，让幼儿融入其中，并交流实践的过程和感想，从而为后续的故事编写积累丰富的直接经验。在间接经验上，幼儿教师可以构建"线上＋线下"的模式。在线上，教师可以布置电子阅读网站，并在此网站上设置不同的模块，比如电子绘本模块、社会动态模块等，以幼儿的视角展示这些模块，让幼儿在阅读这些内容的过程中，认识更大的世界，促进他们间接经验的积累。在线下，教师可以构建绘本图书馆，结合幼儿《3-6岁儿童学习与发展指南》的要求，设置五类绘本，即健康类绘本、语言类绘本、社会类绘本、科学类绘本和艺术类绘本，让幼儿在阅读的过程中拓宽视野，增长见识，积累更多的间接经验，并将这些经验运用在故事的编写中。

（三）词汇量

词汇是幼儿故事编写的"一把匕首"。在进行故事编写的过程中，教师可以通过多种方式提高幼儿的词汇量，让他们运用更为丰富的语言，完成相应故事的编写。为了提高幼儿的词汇量，幼儿教师可以借鉴如下方式：一是通过语言游戏，学习多种多样的词汇，比如名词、动词、形容词、量词等。二是通过运用，提高故事的编写能力。在幼儿掌握基本的词汇后，教师可以让幼儿结合这些词汇完成相应句子的编写，并以句子为基点，描写相应的段落，再以段落为基点进行篇章的描写以及故事的论述，从而让幼儿在潜移默化中掌握故事编写的基本思路。

二、创编故事的教学原则

（一）在故事留白处等待幼儿创新思维之花盛开

在开展创编故事的教学中，教师可以从故事的留白之处入手，让幼儿以留白之处为基点进行故事的编写，以达到培养幼儿创新思维的目的。就具体实际教学而言，教师需要结合不同性格的幼儿开展针对性的故事创编教学模式。笔者着重从性格较为内向的幼儿入手开展相应的创编故事教学，并给这些幼儿一些时间，让他们可以自由思考、独立表达、大胆探索，最终实现增强这部分幼儿思维创造能力的目的。在具体的操作过程中，教师可以从如下几点入手。

1.问题引导

培养幼儿创造性思维的前提条件是教师需要具备创造性思维。为了让幼儿具有这种创造性思维，教师需要运用引导的方式，让幼儿在问题的启发下从更多维度思考问题，并逐渐养成多元思考的习惯，即跳出原有的思维定式，从更为立体、全面的角度思考问题，促进幼儿创造性思维的形成。

2.材料启发

人的意识依赖于物质。创造性思维属于意识，同样与物质具有密切的联系。在培养幼儿创造性思维的过程中，教师可以运用"意识依赖于物质"的思维，从物质的角度入手，促进幼儿创造性思维的萌芽。具体言之，在实际的幼儿教学过程中，教师可以通过设置不同材料的方式激发幼儿的灵感，使他们在观察材料特性与语言问题的过程中，真正找到解决实际问题的突破口，培养幼儿解决实际问题的思维。值得注意的是，教师应着重让幼儿用个人的语言论述整个解决问题的过程，并充分利用幼儿的热情，适时地对他们进行针对性表达思维的引导，以促进幼儿思维创造能力的提升和表达能力的增强。

3.尊重个体

教育的本质是鼓舞、启发和唤醒。在进行故事编写的过程中，教师不仅要引导幼儿思考，更要将创新的种子根植于幼儿的内心，并为他们提供充足的思考空间，让幼儿真正拥有思考的勇气，尤其是突破常规思维的勇气，使他们在这种勇气的作用下大胆创新，勇于思考，突破性地解决各种故事编写中的问题，在大胆想象、自由表达的过程中获得思维、心理素质和表达方式的三重塑造。

总之，在培养幼儿创新思维的过程中，教师应对幼儿多一些耐心，多一些鼓励，多一些关注，在了解幼儿优势的基础上，真正做到因材施教，让幼儿将个人的优势发挥到极致，使他们在教师的鼓励下，敢于表达，敢于想象，逐步形成具有个人思维特性的逻辑。

（二）在聆听幼儿想法中培养其"节外生枝"思维

在进行幼儿语言教学的过程中，教师除了要让幼儿学会聆听外，更要提高幼儿个人的倾听能力，真正在与幼儿深入交流的过程中，结合幼儿在表达中的优点进行适时引导，使他们的思维更为多元，真正做到"节外生枝"，促进幼儿创造性思维的形成。具体言之，在倾听的过程中，教师需要注意三方面要素，如图 6-2 所示。

图 6-2　倾听过程的注意要素

1.倾听的重要性

倾听的重要性主要体现在如下两点：第一，实现精准指导。通过与幼儿进行深度沟通的方式，教师可以让幼儿更为全面地表达个人的看法，在激发他们表达热情的同时，最大限度地发现幼儿在表达中存在的问题，并给予必要的指导，尤其是在"存在问题"处"节外生枝"，促进幼儿创造性思维的形成。第二，激发幼儿的表达欲望。教师通过眼神、动作、表情可以让幼儿真正感受到教师的关注，尤其是教师对个人发言的重视，进而产生一种自重感，以便更好地激发幼儿表达的愿望，为更好的"节外生枝"创造情绪条件。

2.侧重群体性倾听

除了要进行个体倾听外，教师更应注重群体倾听，即为幼儿打造一个自由交流的平台，让他们以开放的问题为基点进行多角度的沟通。

最为重要的是，教师可以认真聆听每一位幼儿的看法，深入挖掘具有价值和创造性的看法，并结合他们的看法进行针对性指导，以便在幼儿彼此交流的过程中寻找信息点，促进"节外生枝"思维的培养。

3. 注重因时而变

在进行"节外生枝"思维的培养过程中，教师需要遵循因时而变的原则，即巧妙运用语言指导活动中的一切契机，构建更为多元的语言授课模式，在让幼儿感受到语言学习趣味性的同时，让他们打开个人思维想象的翅膀，进行更为立体的思考和表达，进而促进幼儿创造性思维的形成。

（三）在多角度提问中寻找培养幼儿创造思维的契机

"学贵有疑，小疑则小进，大疑则大进"，在培养幼儿创造性思维的过程中，教师需要让幼儿形成良好的问题意识，即以问题为思考的切入点，在思考不同问题解决方式的过程中发散思维，促进幼儿创造性思维的形成。然而，在实际的幼儿语言教学中，教师考虑到幼儿的年龄小，并不具备独立思考的意识，对此，教师引入提问的方式，让幼儿在教师的提问下，跳出个人的认知，从更为立体的角度思考问题，最终达到增强幼儿创造性思维的目的。具体言之，笔者着重从如下几点入手进行提问。

1. 微笑提问

通过微笑提问，教师一方面可以营造轻松愉悦的氛围，另一方面可以让幼儿消除紧张的情绪，使其更容易在教师的问题中获得新的思考灵感，即从新的视角入手进行故事的编写。值得注意的是，在微笑提问的过程中，教师需要关注幼儿表达的细节，让幼儿在故事的细节之处进行细加工和深思考，以实现故事描述方式和情节推进的创新，在完善幼儿思维的同时，促进他们思考能力的提升。

2. 情景提问

在创编故事的过程中，教师可以运用多种工具创造相应的情景，如道具、声音、语言等，让幼儿融入相应的场景中，即以此场景作为引子，鼓励幼儿结合场景进行故事的续写或创作，让他们获得故事编写的创作灵感，并将此灵感作为创作的根，让这个根逐渐发芽，开枝散叶，即完成故事情节的推进，使他们在编创故事的过程中获得思维能力、表达能力的双重提升。

3.形象提问

在编创故事的过程中，教师可以通过形象提问的方式，让幼儿基于相应的物品进行针对性的联想，并在此基础上让幼儿的整个表达更具有逻辑性。比如，在实际的授课过程中，教师可以引入玫瑰，让幼儿从手中的玫瑰进行多角度思考，即通过这种开放性试题的方式激发幼儿的创作灵感，让他们结合个人的生活经验进行多角度表达，最终达到提高幼儿语言表达能力的目的。

（四）以反思发现创编故事问题为思考着力点

在进行创编故事的过程中，教师需要树立反思思维，即从整个创编故事的角度进行相应的思考，比如从创编故事的选题、教学过程、教学主体和教学结果等多个角度入手，以发现创编故事问题为思考着力点，在不断改进的过程中掌握相应的创编故事方法，从而为提升幼儿的思维创造力提供良好的师资条件。

三、创编故事培养幼儿语言表达创造力的实证

在进行具体的故事编写过程中，教师一方面需要重视实际，另一方面需要符合幼儿的逻辑，并遵循循序渐进的原则，让幼儿将故事编写的视角转向生活，从而在论述个人的生活中完成相应故事的编写，最终达到培养幼儿思维创造力以及提高他们语言表达能力的目的。具体言之，笔者着重从如下几点入手。

（一）进行故事主人公选择，明确故事主题方向

在进行故事主人公选择的过程中，教师需要从幼儿的视角入手，构建与幼儿认知的连接，让他们将个人想象成故事中的主人公，结合

个人的经验进行针对性表达。更为重要的是，教师需要让幼儿明确故事论述的主题，尤其是主人公的优秀品格，比如坚韧不屈、顽强拼搏等等。

（二）深挖故事情节，落实主题

在完成主人公的创设后，教师需要将主题落实到故事情节中，尤其是让幼儿将个人的生活经历融入情节的编写中，使他们逐渐在完成情节的同时，促进幼儿思维能力的提升以及表达能力的增强。与此同时，教师需要对幼儿的思维进行引导，使他们突破个人固有的思维，从新的角度完善故事的情节，让编写的故事情节更具有逻辑性和感染力，更能体现故事的主题。

（三）巧设多种问题，深层突出主题

在与幼儿交流的过程中，教师可以让幼儿进行更为充分地表达，并在此基础上树立幼儿的表达逻辑，使他们更为全面地完成故事的编写。同时，在与幼儿对话的过程中，教师可以尝试通过提问的方式，让幼儿突破个人的思维，从更为多元的角度进行思考，比如引入"为什么"的思维，让幼儿真正在思考"为什么"的同时，让故事的编写更具有着力点，以促进幼儿思维的完善以及他们综合表达能力的提升。

（四）详细描述故事，对比突出主题

在故事编创的过程中，教师可以让幼儿分析故事的侧重点，并让他们围绕具体的故事主旨进行针对性探讨，详细化描述，从而让幼儿的描述更具有感染力。以人物的优秀品格为例，教师可以引导幼儿从正反两个角度入手进行针对性描述，即描述两个对立的主角，一个积极向上，一个打击积极向上的主人公，让两个主角形成对比以凸显人物的可贵品质，进而更能凸显主题。

（五）巧用思维导图，完成故事编创

在辅助幼儿完成故事编创后，教师可以让幼儿运用个人的语言进行论述，并在此过程中让他们自主进行故事逻辑思维导图的绘制，在

绘制思维导图的过程中完成故事情节的梳理，进行具体的故事论述。

（六）开展故事分享，激发幼儿思维创造能力

在每位幼儿完成故事的创作后，教师可以定期开展故事分享会，让幼儿在分享故事的过程中获得语言表达能力的提升。与此同时，教师可以让倾听的幼儿发表个人的看法，尤其是对于故事情节和人物性格方面的意见，从而为分享故事的幼儿提供新的思路，在增强整体幼儿语言表达能力提升的同时，提高幼儿思维的创造能力。

第二节　复述故事提高幼儿语言表达规范性

一、故事复述形式

（一）创造性复述

在面对一些故事性较为复杂的内容时，教师可以采用创造性复述的方式，即让幼儿选择个人喜欢的文本内容进行复述，并注重在理解文本大意的基础上进行创造性的论述，最大限度地激发幼儿的想象力和创造力，使他们充分展现个人的风采，在锻炼幼儿思维创造能力的同时，增强他们表达的立体化和全面化。

（二）替换式复述

本书中提出的替换性复述是指幼儿将已经理解的故事内容，运用符合个人语言表达习惯的方式进行论述，让幼儿在理解原文本的基础上，进行创造性的艺术加工，从而在提升幼儿语言表达能力的同时，促进他们思维转化能力的提升。

（三）补充式复述

在进行故事复述的过程中，教师可以引入补充式复述的形式，即

针对故事中的留白之处，进行相应的复述，以激发幼儿的想象力和推测故事情节发展的能力。与此同时，教师可以让幼儿根据故事的主题进行合理的推理，并在此过程中让幼儿真正围绕某个主题进行针对性延伸，以促进幼儿综合表达能力的提升，即完成复述能力的升级。

（四）表演式复述

教师可以开展表演式复述，让幼儿在理解故事内容和人物性格的基础上，合理选择个人喜欢的角色，并在相互配合的过程中完成多角度的复述。比如，在实际的复述过程中，幼儿可以根据个人的习惯、实际的内容进行针对性复述，即运用语言、动作、神情等，在充分表现人物特点的同时，激发他们的创造欲望，让幼儿真正在表述的过程中获得综合语言表达水平的提升。

二、故事复述要求

（一）保证故事要素的完整性

一个完整的故事是由人物、事件、时间、地点组成的。在进行故事复述的过程中，教师应着重让幼儿从如上几点进行论述，使他们在围绕四个点复述的过程中逐渐形成较为科学的表达逻辑，增强幼儿语言表达的规范性。此外，值得注意的是，在故事论述的过程中，教师需要让幼儿重点论述个人感兴趣的故事，以调动他们故事分享的热情。

（二）保证故事复述的逻辑性

为了保证故事复述的逻辑性，教师可以引导学生根据故事内在的逻辑，指导他们的复述。针对因果逻辑方面的故事，教师可以尝试让学生运用"因为""所以"的逻辑性连词；针对存在顺序逻辑的故事，教师可以让学生运用"首先""其次""再次""最后"等逻辑性词汇，让学生的故事表达得更具有逻辑性。总而言之，为了保证学生故事复述的逻辑性，教师可以故事内在逻辑为思考点，引导学生结合故事的内容，进行相应逻辑连词的使用，让学生的故事复述更具有逻辑性。

（三）保证复述语言的标准性

在保证复述语言标准性方面，教师可以从如下角度对复述语言标准进行规范：一是语言的标准性。教师需要结合幼儿的实际，适时地对他们的发音进行规范，尤其是对幼儿的普通话发音进行规范。二是语音的标准性。在不同的故事复述过程中，教师需要对幼儿的语音进行规范，比如规范幼儿的语音、语调和语速，让幼儿将复述人物的情感表现得更为饱满。三是语情的感染力。在进行人物复述的过程中，教师可以让幼儿通过合理控制声音中的多个元素，比如加强个别词汇的重音来充分体现人物的特点，增强幼儿在故事复述中的感染力。

三、故事复述增强幼儿语言表达规范性策略

（一）课内故事复述策略

1.简单性复述，增强复述逻辑性

本书中提出的简单复述是指，幼儿通过各种外在形式进行针对性的文本复述，尤其是更为系统地对相应的内容进行论述，最终达到提高幼儿语言表达逻辑性的目的。可以从如下几个角度进行简单性复述教学。

（1）图片式复述。在复述的过程中，教师为了让幼儿能够有针对性地进行相应内容的复述，可以在幼儿复述前引入相应的图片，以激发幼儿的联想，让他们根据图片的内容回忆阅读的故事，并运用个人的语言进行相应故事的描述。与此同时，在幼儿复述的过程中，教师可以根据幼儿的复述内容以及他们在复述中存在的漏洞进行针对性引导，从而让幼儿真正掌握较为科学的表达方式。

（2）问题式复述。在问题式复述的过程中，教师考虑到部分幼儿并不具备文字识读能力，对此，教师运用思维导图的方式，即将问题以图片的方式进行连接，串联出对应的事件，让幼儿在观看相应图片的过程中，更好地完成相应故事的梳理，进行故事复述，从而在提高

幼儿语言表达能力的同时，让他们的表达更具有逻辑性。

2.详细性复述，增强复述精准性

在详细性复述的过程中，教师着重从幼儿的思维入手，注重培养他们的迁移思维，让幼儿在实际的模仿过程中掌握语言的表达规则，并在不同的场景中获得语言表达能力的提升。在实际的教学过程中，教师可以借鉴如下三个方式。

（1）进行替换词语式的思维迁移训练。在进行复述的过程中，教师可以从词语入手让幼儿运用同义词替换掉故事中的词语，并进行相应的复述。在幼儿进行复述的过程中，教师需要灵活处理，比如允许幼儿进行部分内容的删减，只要言之有理即可。通过进行简单词汇的替换，教师可以让幼儿逐步掌握词汇，从而为后期补充表达性的复述奠定基本的词汇基础。

（2）开展补充表达性的思维迁移训练。众所周知，在进行故事复述的过程中，部分幼儿往往喜欢"添油加醋"，即融入个人的想法。为此，在进行故事复述的过程中，教师可以进行补充表达性的思维训练，注重为幼儿提供自由表达的空间，让他们结合具体的故事进行针对性改编，从而在增强幼儿思维创造能力的同时，促进他们思维想象能力的提升，使幼儿的表达更具有感染力和形象性。

3.创造性复述，增强复述发散性

（1）构建多种场景式的创造性复述。在进行创造性复述的过程中，教师可以结合不同的复述内容搭建不同的场景，真正让幼儿融入相应的场景中，联系阅读的内容，并完成相应的复述。具体言之，教师可以从如下两方面入手：一是营造对话情景。以生活类绘本中的购物类场景为例，教师可以在教室设计购物场景，让幼儿融入购物场景中联想生活类绘本内容，并结合个人的实际进行创造性表达，以此让幼儿故事复述更具有创造性，促进他们语言表达能力的提升。二是构建实物场景。在进行实物场景的创设过程中，教师同样需要以幼儿阅读的故事为蓝本设计相应的实物化场景，让幼儿更为直观地受到实物场景的刺激，联想相应的绘本内容，进行相机性表达。更为重要的是，教师可以结合幼儿的相机性表达进行针对性指导，从而让幼儿的表达更具有创造性。

（2）搭建求异思维化的创造性复述。众所周知，幼儿成长环境不同，他们的思维方式也千差万别。在进行故事创造性复述的过程中，教师可以利用幼儿思维的差异性，开展求异化思维复述，并充分运用幼儿思维的差异化，让他们针对同一事物结合个人的思维特性进行多角度的复述，旨在让幼儿在联想阅读内容的同时，基于个人的思维特性进行合理化想象，最终达到增强幼儿语言表达能力的目的。

（二）课外故事复述策略

1.运用"晨间谈话"，为提升复述能力奠定基础

晨读的重要性在于：幼儿在早晨头脑更为清醒，可以更为高效地记忆相应的词汇、句子等，进而为后续的语言复述奠定基础。在实际的"晨间谈话"过程中，教师可以从如下几点入手：首先，遵循循序渐进的原则。在进行"晨间谈话"的过程中，首先让幼儿阅读词汇，对基本的词汇类型和运用有一个大概的了解，比如名词、动词、副词等。其次，让幼儿阅读句子。通过阅读句子，教师可以让幼儿在阅读的过程中获得语感，为后续的语言表达奠定良好的语言基础。最后，进行总结。在晨读结束后，教师可以与幼儿进行"晨间谈话"，即让幼儿运用个人的语言表达晨读的效果，并结合他们的晨读效果进行针对性指导，从而让幼儿的表达更具有科学性，为后期的故事复述奠定基础。

2.使用"区角活动"，为复述能力提升构建舞台

幼儿教师可以结合幼儿园实际，构建相应的语言表达区域，比如表演区域、艺术区域、手动区域、美术区域等。与此同时，教师在进行"区角活动"时，可以提前在"晨读谈话"中让幼儿学习对应事物的名字，从而为他们后期参与区角活动奠定基础。在此之后，教师可以根据每一个区角活动的名称，引入对应的故事，让幼儿一方面通过

区角活动加深对"晨读谈话"中词汇的认知，另一方面让幼儿真正深入解读教师准备的故事，并为后续的故事复述奠定基本的认知、词汇基础。在实际的"区角活动"开展过程中，教师可以使用相应的"区角活动"策略，如图6-3所示。

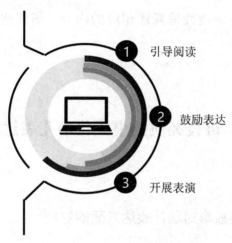

1　引导阅读

2　鼓励表达

3　开展表演

图6-3　使用"区角活动"的策略

（1）引导阅读。在进行故事复述的过程中，教师可以在阅读区域中设置不同的绘本故事单元。笔者主要将绘本区域分为两部分。第一部分是以图像为主的绘本。主要内容包括无字绘本、图文合作绘本、幼幼书、操作书、游戏书等。第二部分是精致插图绘本。此类绘本主要包括如下内容：情绪管理类绘本，比如《生气汤》和《菲菲生气了》；科普百科类绘本，比如《十万个为什么》；教育学习类绘本，包括语言类绘本、益智类绘本、生活教育类绘本；经典阅读类绘本，包括中国传统的《三字经》、瑞典童话《长袜子皮皮》；品格塑造类绘本，比如《我是霸王龙》《凯，能行》等。在上述绘本设定的过程中，教师着重让幼儿以个人的喜好为基点进行针对性阅读。与此同时，教师应鼓励幼儿学习相应的阅读方法，以此促进幼儿阅读能力的提升。

（2）鼓励表达。在幼儿完成相应的阅读后，教师可以鼓励幼儿进行针对性的表达，尤其是让幼儿对阅读的故事进行逻辑类论述，从而让幼儿在教师的指导下掌握相应的表述方法，促进他们综合表达能力的提升。

（3）开展表演。本书中提出的开展表演是指，教师让几个幼儿共同阅读一本书，并选择书中的人物进行针对性表演，让他们在表演的过程中更为全面、创造性地复述相应的内容，最终达到提升幼儿表达能力的目的。

第三节　讲授经典故事强化幼儿表达的意识

一、讲授经典故事对幼儿表达方面的影响

（一）基于理解基础之上的记忆能力提升

"读书百遍，其义自见"。在学习国学经典的过程中，幼儿可以阅读多种多样的经典内容，尤其是在不同场景下进行国学经典的诵读往往会产生不同的理解。为此，在诵读国学经典的过程中，教师可以让幼儿阶段性地进行经典故事的讲述，并让幼儿以思维导图的方式记录对国学经典的认知，使他们真正在此过程中更为多元地学习国学知识，在理解的基础上进行相应的记忆。

与此同时，除了通过进行阶段性，她诵读提高幼儿的记忆力外，教师也可以通过拓展经典故事的讲授范围，让幼儿增加阅读量，实现质的飞跃，通过大量的阅读让个人头脑中的知识更为多样，并在回顾不同知识的过程中运用新型的知识进行"注解"，以促进幼儿经典故事解读能力的提升，增强幼儿的记忆能力。

此外，教师可以通过多种讨论的方式，利用幼儿思维的差异性，让他们在阐述个人想法的同时，从其他人的角度思考问题，真正在突

破个人思维局限的同时，从更为多元的角度思考问题，最终理解相应问题，促进幼儿记忆能力的提升。

（二）基于知识体系构建的阅读能力提升

通过讲授经典故事提升幼儿的阅读能力，主要体现在如下几点。

第一，正确价值观的形成。通过讲授经典故事，教师可以让幼儿明确真善美、假恶丑，具备最为基本的道德认知，并在这种基本认知的基础上，衍生出最为基本的9种情绪，即羞愧、轻蔑、恐惧、愤怒、厌恶、悲伤、惊奇、愉快和兴趣。在基于正确价值观和情感认知的前提下，幼儿可以在字里行间中感受到作者的情绪和思想，即获得阅读能力的提升。

第二，丰富幼儿的经验。通过通读国学经典，幼儿可以获得更为丰富的知识，即在教师的引导下，体会不同文本中人物的人生经历，获得不同的人生体验，并以这种体验为"意识的转换器"，从不同角度阅读其他经典，真正促进幼儿语言解读能力的提升。

第三，促进幼儿逻辑思维的建立。通过进行经典故事的学习，幼儿可以在教师的指导下从不同的角度思考问题，尤其是在思考问题的过程中形成个人独有的逻辑思维体系，并将这种逻辑思维体系运用在人物的分析中、作品的阐释中，以实现对经典故事的全方位解析，最终达到提升幼儿阅读理解能力的目的。

总之，幼儿在获得记忆能力、阅读能力提升的基础上可以更为多元和全面的表达，真正表达出个人的真实想法，并将正向观念传递给更多的人，让幼儿成为经典故事的继承者、传播者，促进他们综合表达能力的提升。

二、讲授经典故事的原则

（一）与幼儿的兴趣融合

在与幼儿兴趣相融合的过程中，教师可以从幼儿、教师两个方面入手。在幼儿方面，教师可以从幼儿兴趣和好奇心两个角度切入。在幼儿兴趣方面，教师可以在了解幼儿兴趣的基础上，将幼儿的兴趣与经典故事进行融合，使他们更为积极地表达。在好奇心方面，教师一方面从违反幼儿认知的角度进行切入，让幼儿对论述的经典故事产生好奇，另一方面从新事物切入，让幼儿对经典故事的学习产生新鲜感。在教师方面，教师可以从教学思维、方式和手段三个角度切入。在教学思维上，教师可以从环环相扣的设计思维入手，以调动幼儿的兴趣为前提，让他们融入其中，并融入教师设计的层层关卡中，在潜移默化中获得语言表达能力和思维能力的双重提升。在教学方式上，教师可以从激发幼儿的参与性入手，从合作教学、分层教学等角度切入，兼顾激发幼儿的集体荣誉感和个体自尊心。在教学手段上，教师可以结合不同的经典故事灵活采用不同的教学手段，比如多媒体教学、白板教学、慕课教学、微课教学等，通过外在的经典故事授课形式调动幼儿的好奇心，让幼儿融入其中，在了解故事的基础上，激发他们的表达热情。

（二）贴近幼儿实际生活

在贴近幼儿实际生活方面，教师可以从幼儿的衣食住行四个角度构建与国学经典的连接，让幼儿以国学经典内容为指导去生活，从而促进幼儿良好的生活习惯、思维习惯的养成，并为幼儿构建分享场景，让幼儿在分享个人实践体验的过程中获得语言表达的自信，并在日后的语言学习中逐渐掌握语言表达规律，促进语言表达能力的提升。笔者从衣、食、住、行四个角度进行论述。

1.衣

在论述服饰的过程中，教师可以引入与服饰相关的国学经典内容，让幼儿通过古代的服饰了解服饰背后的文化，让幼儿逐步树立文化自信。比如，在服饰类语言活动中，教师可以引入《游子吟》这首古诗，通过进行趣味化视频的方式，让幼儿通过衣服了解母亲对游子深刻的情感，即"临行密密缝，意恐迟迟归"中的深厚情感，促进幼儿感恩意识的形成，让他们联想生活中与母亲的点点滴滴，并进行针对性表达，以促进幼儿良好品质和表达能力的双重提升。

2. 食

在进行食物的介绍时，教师一方面可以引入"东坡肉""东坡肘子"等食物，另一方面可以引入《东坡羹赋》及《菜羹赋》，并论述苏轼此时的人生境遇，真正以食物为兴趣着眼点，让幼儿了解苏东坡的人生理念，为幼儿后续的表达提供素材，使他们受到苏轼价值观的影响，为迎接未来人生的起起伏伏奠定基本的认知基础。

3. 住

在讲解与住相关的经典故事的过程中，教师可以引入相应的经典故事电子绘本，比如《茅屋为秋风所破歌》等，让幼儿了解当时杜甫的人生境遇，从杜甫的角度思考问题，使幼儿在此过程中树立家国情怀，从而促进正确价值观的形成。

4. 行

在学习与交通相关的经典故事过程中，教师同样可以从文学典籍入手，引入具有正向价值观的内容，让幼儿在教师的带领下掌握相应的古诗本质，促进他们正确价值观的形成。比如，教师引入陆游《游山西村》中的"山重水复疑无路，柳暗花明又一村"这句，让幼儿在面临畏难时，懂得以达观的态度面对，促进幼儿正确价值观的形成。

（三）巧妙运用现代技术

在进行经典故事授课的过程中，教师可以构建线上化的授课模式，让幼儿结合个人的实际需要以及具体的成长需要观看相应的线上内容，以促进幼儿正确价值观的构建，并注重为幼儿搭建交流性平台，让他们在相互交流的过程中获得综合表达能力的提升。在具体的授课过程中，教师着重从如下几点入手。

1. 构建不同形式的网络视频故事

在构建网络视频故事的过程中，教师可以结合不同的故事设置不同的故事模块，比如生活化经典故事模块、思维化经典故事模块、历史性经典故事模块等，让幼儿结合个人的实际生活及兴趣进行针对性故事学习，使他们在学习故事的过程中获得价值观念的转变，并掌握科学的思维方式。

2.搭建交流性经典故事分享平台

在构建交流性经典故事分享平台中，教师可以从如下两个角度设置分享模块。一是收获分享模块。教师通过设置分享性模块，让幼儿通过录音的方式记录个人的阅读收获。二是疑问询问模块。教师通过设置疑问询问模块，让其他幼儿能够分享个人在故事学习中的问题，营造更好的交流氛围，从而让幼儿在彼此交流的过程中获得语言表达能力的提升。

3.开展针对性数据跟踪教学评价

在实际的网络化经典故事讲解过程中，教师不能时时关注幼儿的动态。对此，教师可以构建具有针对性的数据跟踪形式，即运用大数据和云计算了解幼儿阅读故事的困惑，并根据实际表现进行针对性指导，以促进幼儿故事解读能力的提升。与此同时，教师可以根据幼儿出现的问题，回想具体的经典故事授课思维，并进行针对性纠正，从而获得良好的经典故事教学效果。

三、讲授经典故事强化幼儿表达意识的策略

在讲授经典故事强化幼儿表达意识的策略运用过程中，教师可以尝试从音乐、舞蹈、分享、家校四个角度入手，并在此过程中，让幼儿从不同的角度解读故事中的内涵，并将这种内涵落实在课堂上、生活中，促进幼儿表达意识的形成。在实际的执行过程中，教师注重从如下四点入手。

（一）引入音乐，让幼儿将经典故事唱出来，品味古语韵律之美

在讲解经典故事后，教师可以运用音乐，让幼儿将经典故事中的

古诗或古词唱出来，使其真正理解经典故事内容，运用个人的情感，演唱相应的句子，体会古语的韵律之美。

比如，教师可以视频的方式展示《水调歌头·明月几时有》这首词，尤其是与这首词相关的故事，并注重与幼儿进行互动，从而让幼儿更为直观地理解这首词背后的故事。在此之后，教师可以教授幼儿该首曲目的演唱方式，让幼儿跟随节奏开始进行哼唱，以感受古词的韵律之美。

（二）进行分享，让幼儿将经典故事说出来，品味古语思想之美

在讲授经典故事的过程中，教师除了向幼儿讲故事外，还可以让幼儿自己讲故事，并在此过程中，让他们诉说个人的看法。在此之后，教师可以结合幼儿的看法进行针对性指导，从而让他们真正在教师的指导下感受古语的思想之美。

比如，在每周的周三，教师组织幼儿开展故事分享会，让他们分享阅读经典故事的看法，并组织更多的幼儿融入故事的讨论中，营造良好的交流氛围，让他们真正在交流的过程中品味古语的思想之美。教师在此对一位幼儿的思想成果进行简要介绍。一位幼儿说："我分享的经典故事是《孔融让梨》。这个故事给我的启示是，我们在日常生活中要具有分享精神，懂得谦让的意义……"总而言之，在进行经典故事分享的过程中，教师需要着重让幼儿交流，并在此过程中适时地指导，从而让他们更为深入地品味古语的思想之美。

（三）家校合作，让幼儿将经典故事带入生活，践行古语之旨

幼儿教师可以进行家校合作，并进行针对性经典故事授课，让幼儿在家长的帮助下更为深入地掌握相应的故事，并将这种故事运用在现实生活中，真正在生活中践行古语之旨，促进幼儿正确价值观的形成。与此同时，教师还可以鼓励幼儿分享实践经验及困惑，并进行针对性指引，从而让幼儿更为科学地进行理解和表达，促进幼儿良好价值观的形成。

　　比如，在执行的过程中，教师可以从如下几点入手：第一，制定家校合作规则。如每天分享一个故事，每天落实一个故事。第二，了解具体执行结果。教师与家长沟通，了解幼儿的经典故事学习状况，并进行针对性指导，让幼儿真正深入了解、解读经典故事，并将这些故事中的优秀思想落实在实际的生活中。第三，进行针对性分享。教师可以定期组织学生进行经典故事分享，激发幼儿的表达热情，并给予相应的语言指导，从而让幼儿的表达更具有规范性。

第七章 总结与展望

第一节 总结

在进行幼儿语言教学的过程中，教师应真正认识到影响幼儿语言发展的制约因素，并注重从其中的关键性因素入手，进行语言教学活动的规范，从而真正促进语言教学活动的顺利开展。在本部分内容的论述中，笔者注重从如下几方面做总结。

一、教师因素

教师因素主要指教师的语言素养，其中包括语言节奏感、感染力、激励性、幽默性等。教师的优质语言不仅是调动幼儿学习的利器，而且还是促进幼儿语言素养形成、增强他们语言表达能力的重要基础。为此，教师需要着重提升个人的语言素养。在实际的语言素养形成过程中，教师需要从如下角度入手：

首先，提升幼儿的语用能力，即从实际的语言运用需求入手，灵活进行相应语言的运用。比如，在语言活动开展阶段，教师在导入语的运用过程中，既要激发幼儿的语言学习兴趣，又要实现由导入向教学的顺利过渡，从而真正在优化语言教学结构的基础上，促进语言活动的顺利进行。

其次，更为全面地认识语言各个要素之间的关系，即听、说、读、写、译，兼顾语言信息输入和输出的平衡性，保证足够的语言知识的积累及运用，从而真正促进个人综合语言表达能力的提升。

最后，教师需要做到"外引内培"。在外引方面，教师需要吸收各种优秀的语言教学方法、思维及意识，并通过不断实践的方式，在加强对这些语言知识认知和运用的基础上，构建新语言教学知识与旧语言教学知识的连接，实现幼儿语言教师知识结构和思维方式的优化，促进个人语言教学质量的提升。在内培方面，教师需要懂得内省，即懂得反思，从横向反思、综合反思两个角度入手。在横向反思方面，教师注重将个人的语言活动教学与其他教师的教学方式进行对比，真正在对比中找到新的语言教学方式和思维，并在此过程中，分析这些新的语言教学思维和方式的运用条件，从而更好地运用在现实语言授课过程中，促进个人语言活动开展质量的提升。在纵向反思方面，教师需要以个人的综合教学能力变化为时间轴，分析个人在语言活动开展过程中的各种变化因素，比如优势、劣势等，并在此基础上，将语言教学活动优势上升到经验，并教授给其他同事，以促进整体语言教学质量的提升，将语言教学劣势进行转化，即通过多种方式分析造成教学优势的原因，并采取行之有效的措施，开展针对性的语言教学，以转变语言教学劣势为突破口，促进整体语言教学水平的提升。

总而言之，在教学因素方面，教师主要从语言因素本身、语言构成要素之间的关系、语言教学能力提升三个方面，旨在真正完成现阶段语言教学思维、方式和手段的优化，最终达到提升个人语言综合教学能力的目的。

二、手段因素

手段因素主要包括多媒体、交互式白板、VR 技术等。在实际的语言活动开展过程中，教师可根据实际的需要灵活运用相应的技术。以多媒体教学为例，为了让幼儿短时间内关注语言课堂的开展，教师可以运用多媒体营造相应的对话场景，唤醒幼儿内心深处的情感体验，让他们融入场景中，交流个人的经历，从而在营造良好语言交流氛围的同时，促进后学语言教学活动的顺利开展，最终达到提升语言教学高效性的目的。

在进行交互式白板的教学过程中，教师可以构建师生互动的场景，在鼓励、唤醒和鼓舞的过程中，激发幼儿语言表达的热情，让他们在教师的指导下更为规范的表达、创造性的表达，以此促进幼儿综合表达水平的提升。

在运用 VR 技术的过程中，为了增强此种教学方式的沉浸感，教师可以引入此种技术，充分调动幼儿的各种感官，融入其中的场景，与虚拟人物进行对话，尤其是在不同的场景与不同职业人物之间进行对话，从而在丰富幼儿语言词汇结构的同时，促进他们表达思维的完善，最终达到提高幼儿语言综合表达能力的目的。

总之，在开展幼儿语言活动的过程中，教师一方面要结合教学实际，另一方面要巧妙运用教学手段的特点，注重将两者进行巧妙融合，营造具有沉浸性的场景，从而让幼儿真正融入其中进行语言表达，增强他们的口语表达水平，获得良好的语言教学效果。

三、方式因素

在论述语言方式因素的过程中，笔者着重从绘本、故事、游戏三个角度进行论述，在充分调动幼儿想象力的同时，使他们真正感受到语言学习的乐趣，逐步获得语言综合表达能力的提升。

在绘本教学的过程中，教师可以尝试从读绘本、演绘本、创绘本三个角度入手，既要让幼儿成为绘本的品鉴者，促进其思维方式和价值观的塑造，又要使他们成为绘本的演绎者，用其语言、动作和神态再现绘本故事中的酸甜苦辣，使幼儿真正在演绎绘本的过程中实现与绘本创作者的思想共鸣，另外还能让幼儿成为绘本的编写者，将个人的生活和想法融入绘本中，展示个人的想法。总之，在开展绘本式的语言活动过程中，教师应注重从幼儿的特点以及绘本的特性入手，真正让幼儿在绘本学习的过程中获得正确价值观的塑造，以及良好思维方式的形成，从而促进幼儿综合语言表达能力的提升。

在故事教学过程中，教师可以从三个角度论述。一是向幼儿讲授故事。教师向幼儿讲授故事，让他们发表对故事的看法，并在此过程中分析幼儿的表达思维和价值观，并进行针对性指导，从而使幼儿逐步树立正确的价值观，形成相对科学的语言思维方式。二是让幼儿复述故事。在让幼儿复述故事的过程中，教师可以从故事的结构入手，培养幼儿语言表达的逻辑性和创造力。三是让幼儿编创故事。在实际的编创故事过程中，教师注重引导幼儿从个人的生活入手，即绘制他人内心渴望的人物角色，并通过事件的方式完成人物性格的塑造。

在游戏教学过程中，教师可以不同游戏场景为依据设置相应的游戏，让幼儿在获得游戏快乐的同时，促进口语表达能力的提升。以角色扮演为例，在进行此活动的过程中，教师可以让幼儿挑选个人喜欢的角色，并在角色扮演过程中结合剧情的发展进行相应的表达，感受塑造人物的快乐，促进综合语言表达能力的提升。

总而言之，在进行语言活动指导教学中，教师可以构建趣味性的对话场景，让幼儿在此过程中更为积极地表达，并进行有意识的指导，从而让幼儿掌握相对科学的表达方式，促进整体语言教学质量的提升。

第二节　展望

一、幼儿语言教学活动发展的方向展望

（一）学习性

语言学习性主要包括如下三个方面。

1. 整体性

在开展语言指导教学活动的过程中，教师需要注重整体性，一方面要重视语音、语调、语速、语法的教学，另一方面要协调好教师的教学特点、幼儿语言水平和具体教学手段之间的关系。

2. 自然性

语言是一门兼顾习得性和学得性的学科。在语言教学过程中，教师需要让幼儿自主学习相应的语言知识，一方面可以构建沉浸式语言教学环境，让幼儿融入其中感受学习的乐趣，不自觉张口说话，使他们在反复锻炼中获得语言表达能力的提升；另一方面可以构建协作式的语言教学模式，让幼儿在集体荣誉感的作用下，相互帮助和学习，促进自身语言表达能力的提升。总之，在自然性语言教学中，教师需要充分调动幼儿的语言学习能动性。

3. 开放性

在语言教育活动开展过程中，教师可以构建相对开放的语言授课场景，从幼儿的天性入手，让他们结合某一主题进行针对性讨论，从而真正让幼儿在获得身心放松的前提下进行讨论，使他们从更为多元的角度表达，以增强幼儿语言表达能力。

（二）交流性

语言教学活动的交流性主要体现在如下三个方面。

1. 交流的整合性

在语言教学活动开展过程中，教师需要从整合性角度入手，一方面整合多种的教学手段，另一方面结合幼儿的实际语言表达水平，此外还需要形成个人的教学特色，即构建一种具有整合性的语言活动授课形式，以达到"整体功能大于各个部分之和"的教学效果。

2. 交流的创造性

语言是一种思维的艺术。在进行交流的过程中，幼儿可以结合个人的心境、语境和思维特性，从不同的角度进行创造性的表达。为了达到这个目的，在语言教学的过程中，教师需要结合幼儿的天性、天赋进行针对性的引导，以激发他们语言表达的潜能，让他们在表达的过程中形成个性化风格，促进他们创造性思维的形成。

3. 交流的多元性

交流的多元性是指教师在开展语言指导活动中需结合具体的语言对话场景设置多元性的情景，真正让幼儿融入其中，并结合不同的场景进行针对性的交流，最终达到锻炼幼儿口语表达能力的目的。

二、幼儿语言教学活动发展方式展望

（一）教学方式

在设定教学方式的过程中，教师需要真正尊重幼儿，尤其要尊重幼儿的语言表达权利，激发他们的表达潜能。为了达到这种效果，幼儿教师需要转变原有的语言活动指导方式。在实际的活动开展中，教师可以采用新型的授课方式，比如构建团队性质的语言小组，让幼儿结合不同时期设置相应的活动，使他们真正在协同商量活动的过程中，获得语言能力及协调能力的提升。与此同时，教师需要关注幼儿的表现，并在联合家长的前提下进行针对性指导，让幼儿真正成为活动的组织者、开发者，获得表达个人想法的权利，促进幼儿责任观念的形成，推动他们的心理成长。

（二）教学手段

在教学手段上，教师一方面可以运用各种线上软件开展不同形式的线上口语教学，比如运用"郎朗学说话"学生端、教师端软件，在线上对幼儿的语言学习进行指导；另一方面可以运用现代技术开展语言教学，比如运用 VR 技术、希沃白板等，为幼儿构建具有沉浸性的语言学习场景，让他们充分调动各种感官学习相应的口语知识。值得注意的是，教师可以运用大数据和云计算统计幼儿在语言表达中存在的问题，并深剖其中的原因，设定相应的语言教学活动，从而在解决语言教学问题的同时，促进综合表达能力的提升。

参考文献

[1] 陈琦，刘儒德.当代教育心理学 [M].北京：北京师范大学出版社，2007.

[2] 张明红.学前儿童语言教育 [M].上海：华东师范大学出版社，2001.

[3] 教育部基础教育司.《幼儿园教育指导纲要（试行）》解读 [M].江苏教育出版社，2008.

[4] 赵勇.传统与创新：教育与技术关系漫谈 [M].北京：北京师范大学出版社，2006.

[5] 赵寄石，楼必生.学前儿童语言教育 [M].北京：人民教育出版社，2001.

[6] （美）霍华德·加德纳著.沈致隆译.多元智能 [M].北京：新华出版社，1999.9.

[7] Piaget Jean.Play Dreams and Imitation[M].New York:Norton,1962：76.

[8] 福禄贝尔.人的教育 [M].孙祖复，译.北京：人民教育出版社，1991：5.

[9] 陈秀云，陈一飞.陈鹤琴文集 [M].南京：江苏教育出版社，2008：12 .

[10] 高宇．情境认知理论视角下幼儿积木游戏中的深度学习 [J]. 重庆第二师范学院学报，2020（09）：80-84.

[11] 杨陈文娟，孙军秀．多模态理论下的英语绘本解读 [J]. 海外英语，2019（20）：209-210.

[12] 曾淑娟．幼儿园开展谈话活动的有效指导策略 [J]. 考试周刊，2020（35）：153-154.

[13] 胡耀岗．幼儿教师有效开展谈话活动的三个要领 [J]. 教育导刊（下半月），2018（06）：28-31.

[14] 高逸倩．在谈话活动中发展幼儿语言表达能力 [J]. 考试周刊，2017（06）：183.

[15] 廖日明．精心指导谈话活动，发展幼儿语言交往能力 [J]. 教师，2012（25）：117-119.

[16] 陈萍．幼儿语言交往环境的创设 [J]. 教育，2015（24）：65.

[17] 周丽娟．巧设中班多元化语言区 [J]. 考试周刊，2015（26）：192.

[18] 朱萍．在游戏中促进幼儿语言交往能力成长的策略 [J]. 小学科学（教师版），2013（11）：173.

[19] 王青云．刍议幼儿语言学习的"三重奏" [J]. 新课程研究（教师教育），2008（09）：98-99.

[20] 吴乐．"家园互动式"绘本阅读活动实施策略 [J]. 山东教育，2020（C3）：90-91.

[21] 钟燕红．唤醒童心童真童趣 巧妙提升幼儿的语言交往能力——对幼儿语言教育的反思 [J]. 知识文库，2020（06）：58-59.

[22] 孙金燕．开启心灵的钥匙——浅谈幼儿在游戏中语言交往能力的发展 [J]. 读与写（教育教学刊），2018（03）：220.

[23] 刘志霞．培养幼儿语言能力的点滴体会 [J]. 课程教育研究，2014（15）：169.

[24] 孔腾飞．略谈幼儿语言交往能力的培养 [J]. 考试周刊，2014（13）：191.

[25] 陈晓霞.故事——幼儿园语言教学活动的法宝 [J].山西教育（幼教），2020（11）：60-61.

[26] 吴艺川.谈幼儿园大班语言活动中教师提问的有效性 [J].当代家庭教育，2020（33）：80-81.

[27] 徐萍.以"游戏故事"为载体 促进幼儿语言能力发展 [J].教育界，2020（44）：71-72.

[28] 秦司兰.浅谈培养幼儿语言表达能力的几种途径 [J].赤子（上中旬），2017（04）：283.

[29] 李冬冬.幼儿语言表达能力的培养与研究 [J].新课程，2021（16）：170.

[30] 陈雯.如何在新时代培养幼儿的语言应用能力 [J].新课程，2021（27）：176.

[31] 李月琴.影响幼儿早期阅读能力发展的因素与改进策略 [J].辽宁教育，2021（20）：44-46.

[32] 吴瑞婷.顺应天性,掌握规律,因势利导——从幼儿听故事中的"重复偏好"说起 [J].东方娃娃·保育与教育，2020（05）：65-66.

[33] 吴丹华.借助同类绘本促进中班幼儿深度阅读的实践研究 [J].名师在线，2020（16）：31-32.

[34] 陈爱华.早期阅读中促进幼儿主体作用发挥的教学策略探讨 [J].读写算，2020（29）：40.

[35] 郑秀娟.幼儿早期阅读兴趣的培养研究 [J].甘肃教育，2020（19）：104-105.

[36] 安瑶.培养中班幼儿讲绘本能力的指导策略 [J].教育，2019（32）：66.

[37] 郑彩敏.开展图书漂流活动培养幼儿阅读能力 [J].读写算，2018（08）：63.

[38] 刘艳.幼儿语言教学活动中的游戏化分析 [J].现代职业教育，

2021（23）：208–209.

[39] 陶俊.在幼儿语言教学活动中游戏运用的策略与研究 [J].智力，2021（33）：190–192.

[40] 尚金芳.幼儿语言教学中游戏教学 [J].基础教育论坛，2021（06）：35–2.

[41] 王娟，李维，王维宇.故事诱发方式对 4～6 岁儿童故事复述的影响 [J].学前教育研究，2016（10）：47–56.

[42] 温润月.体验视域下优化农村幼儿园谈话活动的行动研究 [D].兰州：西北师范大学，2021.

[43] 雷易.故事呈现方式对学前儿童故事复述和故事理解的影响 [D].c成都：四川师范大学，2018.